新幹線99の謎

新幹線の謎と不思議研究会 編

二見レインボー文庫

イラスト図版作成　山本サトル
地図版・路線図作成　StudioMAPLE（野地恵美子）
協力　BE-million
本文デザイン　ヤマシタデザインルーム

はじめに

２０１６年３月、待望の北海道新幹線が開業した。津軽海峡の海底を高速で潜り抜け、北は北海道から南は鹿児島まで、長い日本列島を新幹線が走る。新幹線が日本に登場したのは１９６４年、東京オリンピック開催の年だ。それから半世紀、日本も新幹線も、大きく変化を遂げた。

時代のスピード感に合わせるように、新幹線の速度もアップした。時速２００km／ｈの「夢の超特急」は、いまでは最速３２０km／ｈで走っている。新幹線は「日本の技術力の結晶」と言われ「世界一安全で快適」と評価される。本書は「新幹線の謎99」と題し、さまざまな疑問から新幹線の秘密に迫ったが、つまるところ、その技術力や安全・快適性は、新幹線に携わる人々の知恵と創意と熱意の賜物であることを、改めて思い知らされた。

新幹線を、たんに高速移動の手段として利用するのはもったいない。その秘密や背景を知れば、新幹線の旅はますます楽しくなるだろう。

２０１６年７月

新幹線の謎と不思議研究会

PART 1

日本のどこを、どう走ってる？知ってて知らない「9路線」の謎

PART 2

すべての現役車両のスペックは？進化する「新幹線ファミリー」の謎

PART 3

そういえば、それってなんで？乗車中にふと思った新幹線の謎

CONTENTS

PART 4

高速列車が過密に走れるのは…？ 日本中を突っ走る「運行」の謎

PART 5
知られざるメカニズムとは？
世界イチ安全で快適な「車両」の謎

PART 6
新幹線流のサービスとは？
知るとさらに楽しい「おもてなし」の謎

PART 7

ついに「時速300キロ時代」に突入!? 国の威信をかけた「世界の新幹線」の謎

PART 1

日本のどこを、どう走ってる?
知ってて知らない「9路線」の謎

※本章の図版の各列車の停車駅は、「JR新幹線ネット」の情報を元に作成させていただきました

01 東海道新幹線の謎

700系

N700A

DATA

区間 東京—新大阪

営業キロ 552・6km

列車本数 230本(下り)、233本(上り)
※山陽新幹線との直通列車、途中駅発・途中駅止まりの列車、臨時列車含む(2016年6月時刻表より)

旅客運輸収入 1兆1434億円
※2014年度(2015年発表)

運営 JR東海

東京オリンピックを目前に控えた1964年10月1日、日本初の新幹線として産声をあげた東海道新幹線は、時速200km／hというスピードで、東京―新大阪間を4時間で駆け抜けた。それは、これまで電車特急「こだま」「つばめ」がもつ6時間30分という記録を2時間半も短縮する快挙。「夢の超特急」と、人々は熱狂した。

それからおそよ50年。開業当時、一日当たり30本ほどしかなかった運転本数はその8倍近い230本にまで増加した。最高時速は285km／hとなり、最速で、東京―新大阪間を2時間22分でつないでいる。

また、年間1兆円を優に越す収入は、他の新幹線を大きく引き離し、「ドル箱路線」の異名をほしいままにしている。

現在、東海道新幹線を走る列車は、速い順に「のぞみ」「ひかり」「こだま」の3種類。

東京―新大阪間を平均2時間30分でつなぐ「のぞみ」に対し、「ひかり」は約2時間50分、「こだま」は約4時間。「こだま」は各駅に停車するためその分時間はかかるが、のんびり車窓の景色を楽しむにはぴったり。さらに、「こだま」専用の割引プランを利用して、お得に旅をするのもいいだろう。

東海道新幹線
路線図と停車駅

東海道新幹線の路線図

東海道新幹線の列車名と停車駅

列車名	浜松	掛川	静岡	新富士	三島	熱海	小田原	新横浜	品川	東京
のぞみ	―	―	―	―	―	―	―	●	●	●
ひかり	▲	―	▲	―	▲	▲	▲	●	●	●
こだま	●	●	●	●	●	●	●	●	●	●

新幹線路線図 （2016年3月現在）

新大阪	京都	米原	岐阜羽島	名古屋	三河安城	豊橋
●	●	ー	ー	●	ー	ー
●	●	▲	▲	●	ー	▲
●	●	●	●	●	●	●

●＝全列車が停車　▲＝一部列車が停車　ー＝通過

02 山陽新幹線の謎

700系

N700A

N700系7000・8000番台

500系

700系7000番台

DATA

区間 新大阪—博多

営業キロ 622・3㎞

列車本数 160本(下り)、157本(上り)
※九州新幹線との直通列車、途中駅発・途中駅止まりの列車、臨時列車含む(2016年6月時刻表より)

旅客運輸収入 3759億円
※2014年度(2015年発表)

運営 JR西日本

山陽新幹線は、新大阪から博多を最短2時間22分で結ぶ新幹線だ。東海道新幹線を延長する形で建設が始まり、1972年には新大阪―岡山間が、1975年には岡山―博多間が開業した。東海道新幹線に乗り入れをすることから「東海道・山陽新幹線」とも表記され、山陽新幹線は、東海道新幹線の延長でしかないように思われた。

しかし、両者には決定的な違いがあった。「最高時速」である。東海道新幹線の最高時速285km／hに対し、山陽新幹線は300km／h。2001年まで、フランスの高速鉄道TGVと並び世界最速の記録を有していた。

東海道新幹線には不可能な最高時速300km／hを実現できたのは、「線路の違い」によるところが大きい。

いったい、線路の何が違うのか。それは「カーブのゆるさ」である。東海道新幹線のカーブは「半径2500m以上」が原則。これに対し、山陽新幹線は「半径4000m以上」。これは「半径4000mの円の円周と同じカーブ」という意味で、数値が大きいほどカーブはゆるく、高速走行に適している。1997年には、表定速度（始発駅から終着駅までの平均速度）242・5km／hという記録をもって、ギネスに登録されている。

山陽新幹線
路線図と停車駅

山陽新幹線の路線図

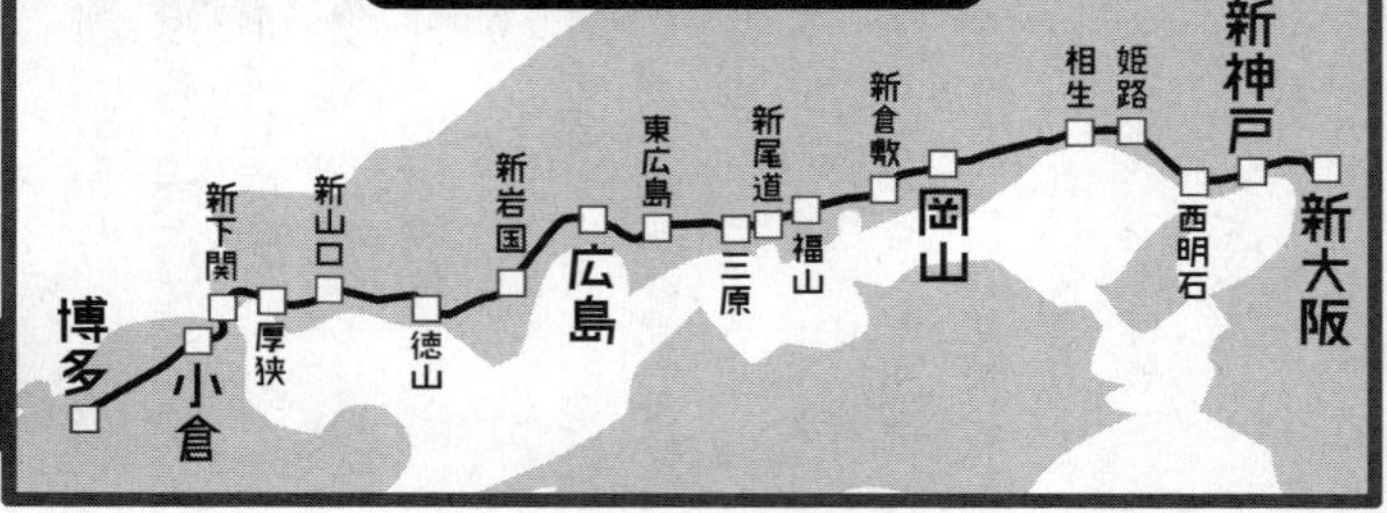

山陽新幹線の列車名と停車駅

列車名	東広島	三原	新尾道	福山	新倉敷	岡山	相生	姫路	西明石	新神戸	新大阪
みずほ	ー	ー	ー	ー	ー	●	ー	ー	ー	●	●
のぞみ	ー	ー	ー	▲	ー	●	ー	▲	▲	●	●
さくら	ー	ー	ー	●	ー	●	ー	▲	ー	●	●
ひかり	▲	▲	▲	●	▲	●	▲	●	▲	●	●
こだま	●	●	●	●	●	●	●	●	●	●	●

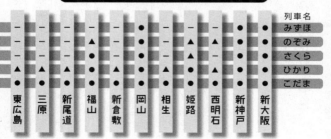

新幹線路線図　（2016年3月現在）

博多	小倉	新下関	厚狭	新山口	徳山	新岩国	広島
●	●	−	−	−	−	−	●
●	●	−	−	▲	▲	−	●
●	●	▲	−	▲	▲	−	●
●	●	●	−	●	●	−	●
●	●	●	●	●	●	●	●

●＝全列車が停車　▲＝一部列車が停車　ー＝通過

03 九州新幹線の謎

N700系7000・8000番台

800系

DATA

区間 博多―鹿児島中央

営業キロ 288・9km

列車本数 75本（下り）、77本（上り）

※山陽新幹線との直通列車、熊本駅・鹿児島中央駅行・止まりの列車、臨時列車含む（2016年6月時刻表より）

旅客運輸収入 516億円

※2015年度（2016年発表）/2014年度は493億円

運営 JR九州

２０１６年3月12日、九州新幹線は、博多―鹿児島中央間を結ぶ鹿児島ルート全線開通から、５周年を迎えた。そのおよそ1か月後の４月14日、祝賀ムードから一転、熊本県熊本地方は震度7の巨大地震に襲われた。

これにより、回送列車の脱線や橋脚、防音壁の損傷など、九州新幹線も多大な被害を受け、当初は「全線復旧の目途は立たない」とされていた。

事実、２０１１年に起きた東日本大震災では、東北新幹線復旧までにかかった日数はおよそ50日。新潟県中越地震（２００４年）においては、上越新幹線の復旧までに約2か月を必要とした。

ところが運休から13日後、九州新幹線は驚きの速さで全線復旧を遂げたのである。鉄道関係者は「新幹線復旧によって、九州は今後、復興をいち早く遂げる」と語った。乗客たちは「復興に向け、前に進んでいる気がして安心した」と喜んだ。

今後九州新幹線は、博多―長崎間を結ぶ長崎ルートが加わる予定。２０２2年開業を目指して工事が進められている。震災後、被災者に希望を運んだ「みずほ」「さくら」「つばめ」の３列車は、より多くの希望を乗せて、九州を駆け抜けることになるだろう。

九州新幹線
路線図と停車駅

九州新幹線の列車名と停車駅

列車名	鹿児島中央	川内	出水	新水俣	新八代	熊本	新玉名	新大牟田	筑後船小屋	久留米	新鳥栖	博多
みずほ	●	ー	ー	ー	ー	●	ー	ー	ー	ー	ー	●
さくら	●	●	▲	▲	▲	●	▲	▲	▲	▲	▲	●
つばめ	●	●	●	●	●	●	●	●	●	●	●	●

●＝全列車が停車　▲＝一部列車が停車　ー＝通過

九州新幹線の路線図

04 東北・北海道新幹線の謎

E5系

E2系

DATA

【東北新幹線】

区間 東京—新青森

営業キロ 713・7km

列車本数 123本(下り)、120本(上り)

※山形・秋田・北海道新幹線との直通列車、途中駅発・途中駅止まりの列車、臨時列車含む(2016年6月時刻表より)

旅客運輸収入 3693億円

※2014年度(2015年発表)

運営 JR東日本

【北海道新幹線】

区間 新青森—新函館北斗

営業キロ 148・8km

列車本数 16本(下り)、16本(上り)

※東北新幹線との直通列車、臨時列車含む(2016年6月時刻表より)

旅客運輸収入 未定

運営 JR北海道(北海道)

２０１６年３月26日。日本が１本の新幹線レールでつながった。構想から43年。待ちに待った北海道新幹線、新青森―新函館北斗間の開業だ。

本州への玄関口となった新函館北斗駅は、もともと渡島大野駅という名の小さな無人駅だった。それが北海道新幹線の開業によって駅舎を一新、さらに駅名を変更し、本州と北海道をつなぐ要所となった。異例の大出世である。

そんなかつての無人駅が、その日は多くの人で賑わった。新函館北斗駅からの一番列車に乗り込み、新幹線を乗り継ぎ鹿児島中央駅に到着する「日本縦断」に挑む乗客も少なくない。所要時間は約11時間。たった2回の乗り換えで、北海道から九州を旅することが可能である。

さて、この北海道新幹線と直通運転を行っているのが、東北新幹線だ。山形新幹線の「つばさ」、秋田新幹線の「こまち」も乗り入れ、東京から新青森・山形・秋田が一体的に運行する。

７１３・７㎞という営業キロは、全国の新幹線の中で最も長く、また、北海道新幹線が開業するまでは、東北新幹線内の八甲田トンネルが、トンネル最長記録を有していた（2万６４５５m）。現在は、青函トンネルが5万３８５０mと、最も長くなっている。

東北新幹線・北海道新幹線
路線図と停車駅

列車名と停車駅

[東北新幹線]

列車名	はやぶさ	こまち（はやぶさに連結）	はやて	やまびこ	つばさ（やまびこに連結）	なすの
東京	●	●	●	●	●	●
上野	▲	▲	▲	▲	▲	●
大宮	●	●	●	●	●	●
小山	｜	｜	｜	▲	｜	●
宇都宮	｜	｜	｜	▲	▲	●
那須塩原	｜	｜	｜	▲	｜	●
新白河	｜	｜	｜	▲	｜	●
郡山	｜	｜	｜	▲	▲	●
福島	｜	｜	｜	●	●	
白石蔵王	｜	｜	｜	▲		
仙台	●	●	●	●		
古川	▲	▲	▲	●		
くりこま高原	▲	▲	▲	●		
一ノ関	▲	▲	▲	●		
水沢江刺	▲	▲	▲	●		
北上	▲	▲	▲	●		
新花巻	▲	▲	▲	●		
盛岡	●	●	●	●		
いわて沼宮内	▲		▲			
二戸	▲		●			
八戸	▲		●			
七戸十和田	▲		▲			
新青森	●		●			

[北海道新幹線]

列車名	はやぶさ	はやて
奥津軽いまべつ	▲	●
木古内	▲	●
新函館北斗	●	●

● ＝全列車が停車
▲ ＝一部列車が停車
｜ ＝通過

05 山形・秋田新幹線の謎

E3系

DATA

【山形新幹線】

区間 福島―新庄

営業キロ 148・6km

列車本数 30本(下り)、30本(上り)

※東北新幹線との直通列車、途中駅発・途中駅止まりの列車、臨時列車含む(2016年6月時刻表より)

旅客運輸収入 不明

運営 JR東日本

E6系

DATA

【秋田新幹線】

区間 盛岡―秋田(秋田)

営業キロ 127・3km (秋田)

列車本数 28本(下り)、28本(上り)

※東北新幹線との直通列車、途中駅発・途中駅止まりの列車、臨時列車含む(2016年6月時刻表より)

旅客運輸収入 不明

運営 JR東日本

「山形新幹線」「秋田新幹線」というものは存在しない。

110ページで詳しく述べるが、福島―新庄間は「奥羽本線」、盛岡―秋田間は「田沢湖線（盛岡―大曲）」と「奥羽本線（大曲―秋田）」が正式な名称である。

つまり、通称〝山形新幹線〟の「つばさ」、通称〝秋田新幹線〟の「こまち」は、いずれも「在来線を走る特急列車」の通称なのである。

30ページのデータで、旅客運輸収入を「不明」としているのは、正式な新幹線ではないため単独の営業データが公表されていないからである。

在来線を走る山形・秋田両新幹線は、きついカーブや急勾配が多く存在する。中でも、山形新幹線内、福島―米沢間の板谷峠《いたやとうげ》、秋田新幹線内、赤渕―田沢湖間の仙岩峠《せんがん》は両新幹線の難所。運転士の神経をすり減らすようなきつい傾斜と急カーブが続くが、乗客にとっては風光明媚な車窓風景を堪能できる絶景ポイントでもある。

山形新幹線、秋田新幹線の列車は、それぞれ「つばさ」と「こまち」の1種のみ。両者とも、すべての列車が東北新幹線に乗り入れ、東北新幹線内では、「つばさ」は「やまびこ」に、「こまち」は「はやぶさ」に併結される。

山形新幹線・秋田新幹線
路線図と停車駅

路線図

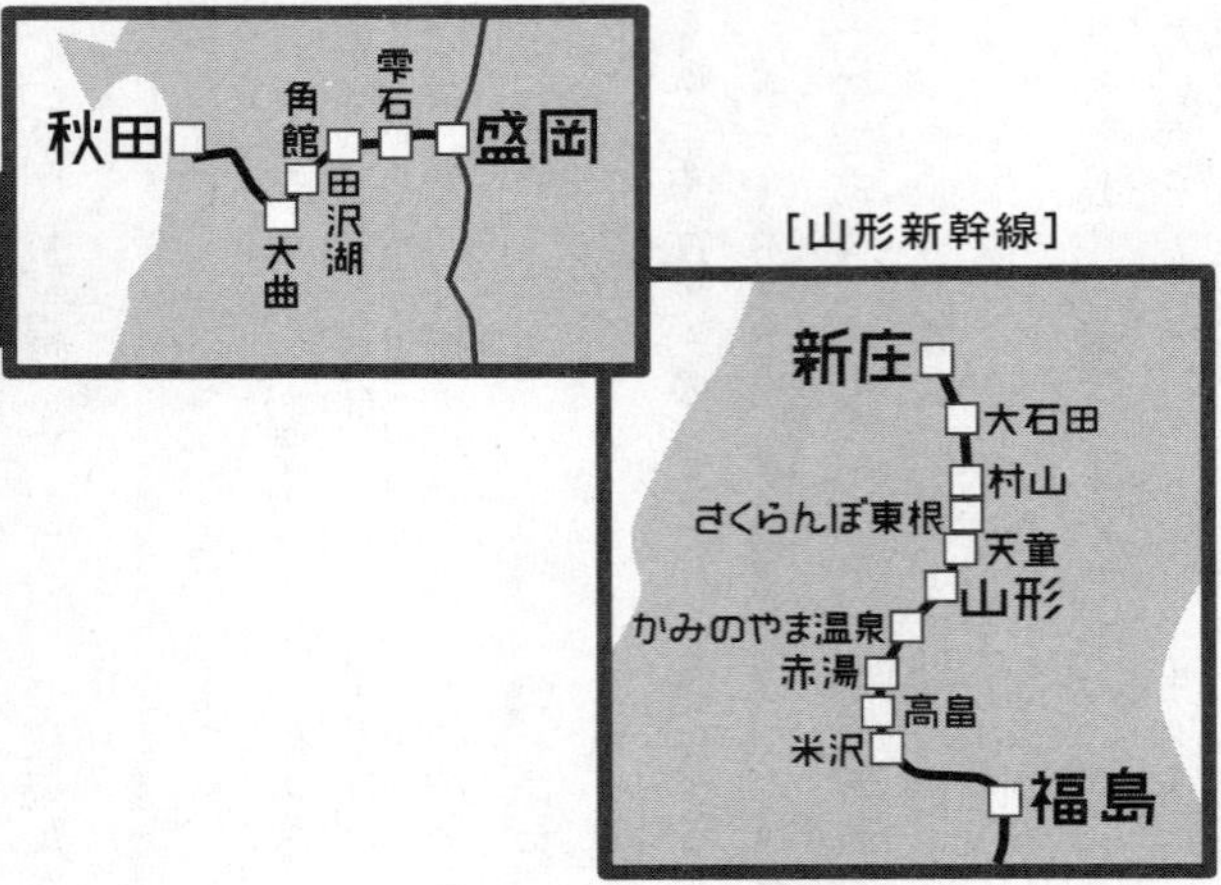

列車名と停車駅

[山形新幹線]

列車名	新庄	大石田	村山	さくらんぼ東根	天童	山形	かみのやま温泉	赤湯	高畠	米沢	福島
つばさ	●	●	●	●	●	●	▲	▲	▲	●	●

新幹線路線図（2016年3月現在）

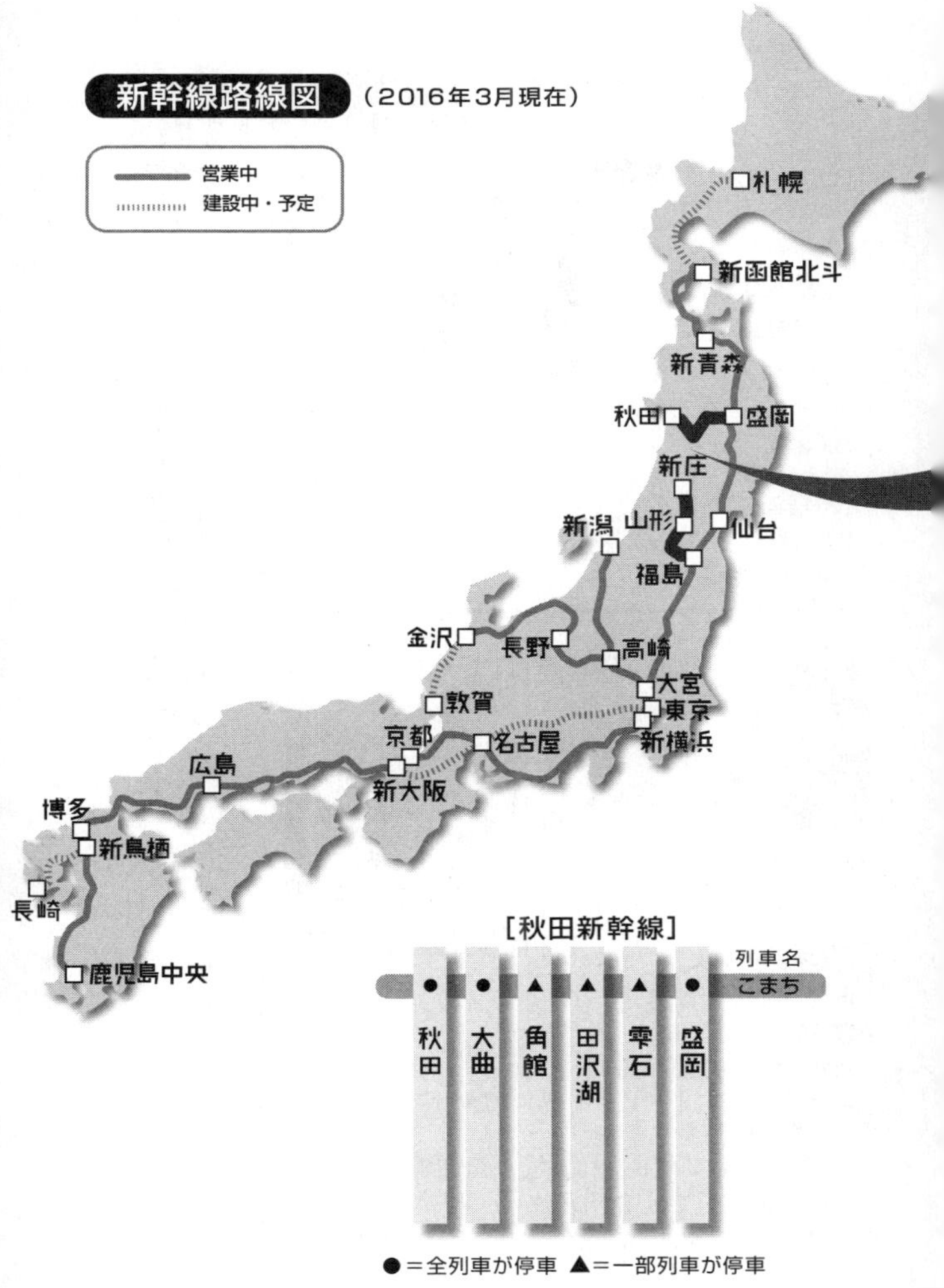

06 上越・北陸新幹線の謎

E4系

DATA

【上越新幹線】

区間 大宮～新潟

営業キロ 303・6km

列車本数 60本(下り)、65本(上り)

※途中駅発・途中駅止まりの列車、臨時列車含む(2016年6月時刻表より)

旅客運輸収入 1262億円

運営 JR東日本

E2系(上越・北陸)

E7系

DATA

【北陸新幹線】

区間 高崎～金沢

営業キロ 117・4km

列車本数 79本(下り)、89本(上り)

※途中駅発・途中駅止まりの列車、臨時列車含む(2016年6月時刻表より)

旅客運輸収入 257億円(高崎―長野間)

運営 JR東日本・JR西日本

１９８２に開業した上越新幹線は、太平洋側と日本海側を結んだ最初の新幹線で、終点の新潟まで行く「とき」、越後湯沢どまりの「たにがわ」、それぞれの2階建て車両「Ｍａｘとき」「Ｍａｘたにがわ」の4種別となっている。

さて、この上越新幹線には変わったトンネルがある。高崎―上毛高原間の「中山トンネル」だ。通常、トンネルといえば山を一直線に貫くものであるはずだが、この中山トンネルには急なS字カーブが存在する。これはトンネル工事の際に、地下水脈を掘り当てたことによる大規模な出水事故が原因だ。

しかし、安全な場所に新たなトンネルを作り替える時間も費用もない。しかたなく、湧水地帯を迂回するという措置が取られ、トンネル内に異例のS字カーブができてしまったのである。

いっぽう、２０１５年に全線開通した北陸新幹線は、東北新幹線（東京―大宮間）、上越新幹線（大宮―高崎間）を経由し、東京―金沢間を最短2時間28分でつないでいる。

東京―金沢間速達タイプの「かがやき」、一部通過タイプの「はくたか」、東京―長野間を走る「あさま」、富山―金沢間を走る「つるぎ」の4種別となっている。

上越新幹線・北陸新幹線
路線図と停車駅

路線図

[上越新幹線]

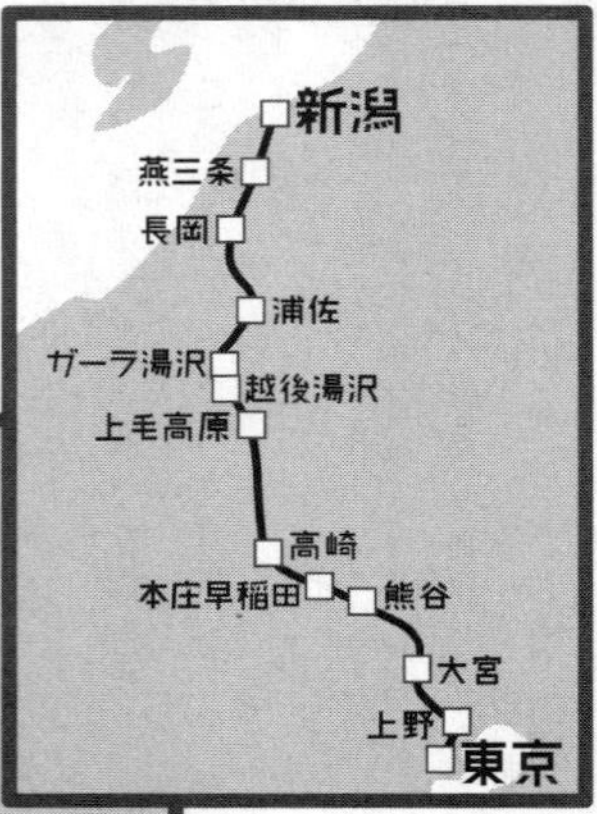

[北陸新幹線]

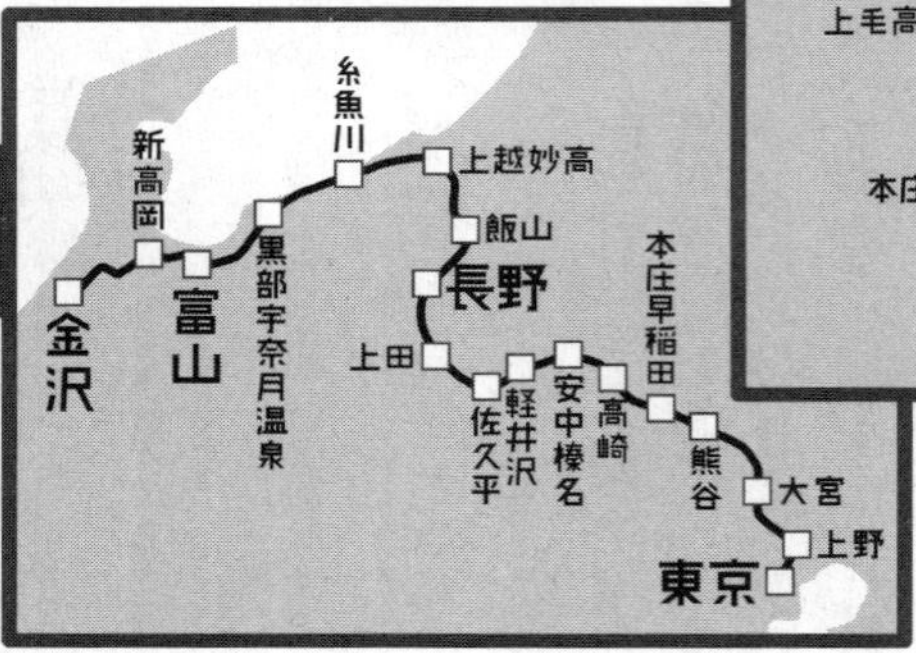

列車名と停車駅

[北陸新幹線]

列車名	金沢	新高岡	富山	黒部宇奈月温泉	糸魚川	上越妙高	飯山	長野	上田	佐久平	軽井沢	安中榛名	高崎	本庄早稲田	熊谷	大宮	上野	東京
かがやき	●	–	●	–	–	–	–	●	–	–	–	–	–	–	–	●	▲	●
はくたか	●	●	●	●	●	●	▲	●	▲	▲	▲	▲	▲	–	–	●	●	●
つるぎ	●	●	●															
あさま								●	●	●	●	▲	●	▲	▲	●	●	●

新幹線路線図 （2016年3月現在）

[上越新幹線]

	新潟	燕三条	長岡	浦佐	ガーラ湯沢	越後湯沢	上毛高原	高崎	本庄早稲田	熊谷	大宮	上野	東京
とき	●	▲	▲	▲	／	▲	▲	▲	▲	▲	▲	▲	●
たにがわ					▲	●	●	●	●	●	●	●	●

●＝全列車が停車　▲＝一部列車が停車　ー＝通過

その1

新幹線は多くのトンネルや橋を通過するが、その中で、いちばん長いトンネルと橋梁は？

いちばん長いトンネルは、北海道新幹線の「青函トンネル」で、その長さは5万3850m。いっぽう、いちばん長い橋梁は、東北新幹線の「第一北上川橋梁」で3868m。

ちなみに、トンネルの第2位は八甲田トンネルで2万6455m（東北新幹線）、3位は岩手一戸トンネルで2万5808m（東北新幹線）。

column 1 入鉄済

その2

新幹線のホームは何メートルある？

column 2 入鉄済

東海道・山陽新幹線では500mほど。

新幹線の1両の長さは25m。最長の16両編成だと25m×16両で400mになる。新幹線のホームには基準が定められていて、「最大列車長＋10m」とされている。つまり基準では410mなのだが、これではギリギリで余裕がない。そこで「停止余裕」の50mが設けられることになった。「400m＋50m＝450m」のはずなのだが、じっさいは500mもある。これにはワケがあり、じつはホームは、新幹線ではなく30両編成の貨物列車をいちばん長い列車と想定し、「1両15m×30両＋停止余裕50m＝500m」としたのである。

PART 2

すべての現役車両のスペックは？

進化する「新幹線ファミリー」の謎

0番台・3000番台

700系の謎 07

なぜカモノハシのような顔に？

DATA

運用開始日	1999.3.13
最高速度	285km/h（台湾新幹線は300 km/h）
運行区間	東海道新幹線　山陽新幹線　台湾新幹線
使用列車	のぞみ　ひかり　こだま
基本編成	16両
編成定員	1323人

700系は、JR東海の300系とJR西日本の500系の技術成果を結集して改良された車両である。

300系と比べて揺れが少なく、居住性が向上。また、500系と比べて車内空間が広く、車両価格が安い。

また、700系のいちばんの特徴といえば、やはりあのカモノハシのような先頭形状だろう。この独特な形は「エアロストリーム形」と呼ばれ、トンネル進入時に発生する空気の圧力波を抑える役割を果たしている。これによって、トンネルの出口で発生する「ドン！」という騒音（84ページで詳述）が大幅に軽減されている。

ところで、「0番台」と「3000番台」では、何が違うのだろうか。正解は「保有する会社の違い」である。

JR東海が保有する車両が「0番台（C編成）」で、JR西日本が保有する車両が「3000番台（B編成）」というわけだ。

また、700系は台湾の仕様に合わせて改良され、2007年より「700T型」として台湾高速鉄道での運行を開始している。

国内では、残念ながら主役の座を後進に譲り、「こだま」中心に運行。2019年度末までに、N700系に置き換えられる予定となっている。

N700Aの謎 08

N700系との違いは？

DATA

運用開始日 2013.2.8
最高速度 300km/h
運行 東海道・山陽新幹線
列車名 のぞみ　ひかり　こだま
基本編成 16両
編成定員 1323人

2013年2月8日、N700Aが東海道・山陽新幹線にデビューした。N700Aの「A」はAdvancedの「A」。「進化した」という意味で、2007年にデビューしたN700系を改良し、性能を高めたものである。

主な特徴として挙げられるのは、次の3点。

①ブレーキ性能の向上……地震などの非常時に、従来より1～2割短い距離で停車することが可能になった。

②定速走行装置の導入……カーブや勾配などの線路情報がすべて記憶されており、自動で加減速しながら常に適正な速度を保って走行する。遅延が生

じても、速やかにダイヤを回復させることが可能となった。

③乗り心地の向上……座席のヘッドレストを大きくすることで頭部のサポート感が向上するなどさらに快適に。また普通車にもグリーン車と同様の新型の吸音床構造を採用し、さらに静かで過ごしやすい車内を実現した。

じつはこのN700Aには2タイプがある。ひとつは新造車両で、もうひとつはN700系の改造車両だ。

このふたつの違いは、側面のロゴマークを見れば一目瞭然。「A」のマークが大きいものが前者。小さなものが後者である。

700番台

500系の謎 09

なぜ大量生産されなかったのか?

DATA

運用開始日	1997.3.22
最高速度	285km/h
運行区間	山陽新幹線
使用列車	こだま
基本編成	8両
編成定員	557人

1997年、航空機の攻勢に対抗する切り札として、JR西日本は最高速度300km/hに達する500系の運用を開始した。

空気抵抗を減らす、長さ15mの先頭部(ロングノーズ)と、円筒形の車体。シルバー&ブルーラインのスタイリッシュな塗色。新大阪―博多間を結ぶ「のぞみ」としてデビューするやいなや、500系は大人気となった。

パンタグラフの形状を変えたり、車体にアルミハニカムパネル材を使用するなど、革新的な技術も多かった。けれどその反面、製造コストが高騰《こうとう》し、大量生産には至らなかった。

また、2007年にN700系が登場すると、座席数などの問題から順次置き換えが始まり、2010年に、「のぞみ」から完全撤退。現在は8両編成に短縮され、「こだま」として山陽新幹線区間を走っている。

2015年11月からは、山陽新幹線全線開通40周年と人気アニメ『新世紀エヴァンゲリオン』のテレビ放送開始20周年を記念して、「EVA初号機」をモチーフに塗装した「500 TYPE EVA」が登場。実物大コックピット登場体験や、人気キャラクターのパネルと写真撮影ができるフォトスポットなどが設けられている。

7000番台

700系の謎 10

車内設備はどう充実?

DATA

運用開始日 2000.3.11
最高速度 285km/h
運行区間 山陽新幹線
使用列車 ひかり　こだま
基本編成 8両
編成定員 571人

700系には、台湾高速鉄道を走る700T型の他に、2004年デビューの800系、2007年デビューのN700系、2013年デビューのN700A、東海道新幹線の軌道点検車両・ドクターイエローなど、派生モデルが多い。700系の7000番台も、そのひとつである。

700系(7000番台)は、新大阪―博多間を運行する0系「ウエストひかり」に代わり、8両編成の「ひかりレールスター」として、2000年にデビューした。

500系とイメージを合わせたグレー基調の専用の車体に「Rail Star」

のロゴが入っている。2列×2列のサルーンシート、大型テーブルとコンセントを備えたオフィスシート、4人用個室のコンパートメントなど、車内設備を充実させたことで利用者の大きな支持を得た。

しかし、N700系8両編成が登場してからは、「ひかりレールスター」の運用は激減し、現在は「こだま」がメインとなっている。

かつて好評だったサイレントカー（放送を一切行わない車両）は廃止され、コンパートメント席も「こだま」運用時には閉鎖されている。

800系の謎 11

独自のデザインになった秘密は?

DATA

運用開始日	2004.3013
最高速度	260km/h
運行区間	九州新幹線
使用列車	さくら　つばめ
基本編成	6両
編成定員	392人

８００系は、２００４年に開業した九州新幹線・新八代―鹿児島中央間を走る「つばめ」としてデビュー。ＪＲ九州にとって初となる、記念すべき新幹線車両である。

基本的な構造は、７００系をベースにつくられたが、先頭車両はその面影を感じさせない独自のデザインとなっている。

じつはこれ、「カモノハシ以外の顔にして」というＪＲ九州からの要望により、７００系のデザインコンペで不採用となったデザインにアレンジを加えて完成したものだそうだ。

その内装も、メイン素材に木を使用

するなど、オリジナリティーとセンスにあふれ、２００５年には、日本産業デザイン振興会グッドデザイン賞を受賞した。

その後２００９年、九州新幹線全線開業に向けデザイン等のマイナーチェンジが行われた。

テレビ、雑誌等で紹介されることの多い金箔の仕切り壁は、このマイナーチェンジ後の新８００系で採用されている。

外観上では、側面の赤いラインが直線状でなくなり、またヘッドライトがふっくらふくらんでいるような形状に変化した。

7000番台・8000番台

N700系の謎 12

Aに駆逐され、生き残ったのは？

DATA

運用開始日	2011.3.12
最高速度	300km/h
運行区間	山陽新幹線　九州新幹線
使用列車	みずほ　さくら　つばめ　ひかり　こだま
基本編成	8両
編成定員	546人

新幹線で初めて採用した「車体傾斜システム」（154ページ参照）や、環境に配慮した構造が特徴の700系は、東海道・山陽新幹線の最大勢力として活躍。最盛期には1700を超える車両数を誇ったが、その進化形であるN700Aの登場以来、N700系のほとんどが、これと置き換えられることとなった。

JR東海は2015年8月に、JR西日本は2016年3月に、対象車両全車のA化を完了。東海道・山陽新幹線のN700系は、すべて改良型の「N700A」となった。

ただし、2011年に九州新幹線鹿

児島ルートの全線開通に合わせてデビューした7000番台（JR西日本所有）と8000番台（JR九州所有）はA化の対象外となっている。
　こちらは、九州新幹線区間の急勾配に対応するため、登坂性能を強化。また、搭載機器には火山灰対策が施されている。
　新大阪—鹿児島中央間のみの運行となるため、急カーブの多い東海道新幹線区間で効果を発揮する「車体傾斜システム」は、搭載されていない。
　木材を多用した落ち着きのある内装や、普通車指定席のゆったりしたつくりで、乗客満足度の高い列車である。

E2系の謎 13

NとJ編成の違いは？

DATA

運用開始日	1997.3.22
最高速度	275km/h
運行区間	東北新幹線　上越新幹線　北陸新幹線
使用列車	はやて　やまびこ　なすの　とき　たにがわ　あさま（臨時列車）
基本編成	8～10両
編成定員	630～814人（10両）

1997年の運用開始当初、E2系は大きく2タイプに分けられていた。ひとつは北陸新幹線（当時は長野新幹線と呼んでいた）用のN編成。もうひとつが東北新幹線用のJ編成だ。

このふたつのタイプは、仕様が若干違っている。

北陸新幹線を走るN編成は、高崎―軽井沢間の、30㎞にもわたる急勾配に対応するための強力な登坂パワーとブレーキ性能を装備している。

いっぽうJ編成は、そもそも秋田新幹線の「こまち（当時はE3系）」を併結して東北新幹線内を走る「やまびこ」として開発された車両である。

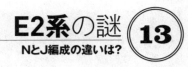

そのため、E3系との分割・併結をスムーズに行えるように、「自動分割併合装置」を搭載している。

また、北陸新幹線用には「風」、東北新幹線には「りんご」をイメージしたマークが側面に描かれており、これで両車両を見分けることができる。

E2系は、最高速度350km／hを誇る中国高速鉄道CRH2型のベースとなり、2007年から運用が開始されたが、日本では2016年3月のダイヤ改正より「あさま」での定期運用は終了。一部の臨時列車として運行している。また、近い将来、東北新幹線からも撤退する予定となっている。

E3系の謎 14

車体も〝ミニ〟なのか?

DATA

運用開始日	1997.3.22(0番台)　1999.12.4(1000番台)
最高速度	275km/h
運行区間	東北新幹線　山形新幹線　上越新幹線
使用列車	つばさ　やまびこ　なすの　とれいゆ　現美新幹線
基本編成	6～7両
編成定員	338~402人(10両)

1997年の秋田新幹線開業に伴い、「こまち」としてデビューしたE3系だったが、現在「こまち」はE6系に置き換えられ、東北新幹線内において「やまびこ」「なすの」として一部使用されている。

この車両の最大の特徴は、「ミニ新幹線」と言われるように、一般の新幹線車両よりもひと回り小さいこと。

もともと、在来線区間を走行する秋田新幹線「こまち」のために作られた車両であるため、一般の新幹線よりも小さくする必要があったのだ。

車体の幅は、在来線の特急と同じ2・95m。新幹線の駅では、車両と

ホームの間のすきまを埋めるために、収納式のステップが現れるのもおもしろい。

車両は大きく分けて、「こまち」としてデビューした「0番台」、1999年の山形新幹線新庄開業時に登場した「1000番台」、除菌イオンによる空気清浄機を鉄道車両に初搭載した「2000番台」、0番台の改良型で、山形新幹線の「とれいゆ」と上越新幹線の「現美新幹線」として運行する「700番台」の3種が存在する。

いずれも、同じ形式とは思えないほど形状も色も異なり、E3系はバラエティに富んでいる。

E4系の謎 15

なぜ収容力「MaX」を狙ったのか?

DATA

運用開始日	1997.12.20（0番台）
最高速度	240km/h
運行区間	上越新幹線
使用列車	Maxとき　Maxたにがわ
基本編成	8両
編成定員	817人

１９９４年に登場し、２０１２年に定期運行を終了した「日本初のオール2階建て新幹線Ｅ1系」の後継車として活躍するＥ４系。

もともとこの車両は、東北新幹線の通勤・通学の需要にこたえる「通勤型新幹線」としてデビューした。そのため、一部車両の2階座席を3列×3列シートにするなどして収容力を優先。最高速度は２４０㎞／hと、遅めに設定されている。

また、正面の〝鼻〟の内部に格納されている自動併結器を使えば、2編成を併結して最大16両で運用することが可能。その場合、定員は１６３４名と

なり、これは高速鉄道としては世界最大である。

さらに、混雑期・閑散期の変化に柔軟に対応できるよう、E2系やE3系、当時まだ現役だった200系、400系との併結も可能となっている。

その後、東北新幹線ではE5系が投入され、2012年以降は上越新幹線区間のみでの運用となっている。

それに伴い、上越仕様に塗色がリニューアルされた。これまでの、車体中央の黄色いラインを、日本の伝統色のひとつ「とき色」に変更。また、先頭車両には、トキのはばたく姿が施されている。

E5系・H5系の謎 16

E5とH5の違いは?

DATA

運用開始日 2011.3.5（E5系） 2016.3.26（H5系）
最高速度 320km/h
運行区間 東北新幹線 北海道新幹線
使用列車 はやぶさ はやて やまびこ なすの
基本編成 10両
編成定員 731人

走行性能、信頼性、環境性能、快適性のすべてにおいて、最先端の技術を駆使してつくられた新世代の新幹線。それが、E5系だ。

2011年の、東北新幹線・八戸―新青森間開通に伴い、当時の国内営業最高速度300㎞／hで運転を開始。2013年3月からはさらにスピードを上げ320㎞／hで走っている。

15mのロングノーズを備えた先頭形状、低騒音型パンタグラフ、台車フルカバーなど、高速運転に伴う騒音対策も完璧だ。また、左右の振動を低減する装置や、カーブでの乗り心地を向上する車体傾斜システムを設けるなど、

快適性にもたいへん優れている。

このE5系の兄弟車として製造されたH5系は、JR北海道初の新幹線車両で、2016年3月開業の北海道新幹線とともにデビューした。

車体の形状や性能はE5系とほぼ同じだが、車体の塗色や内装には北海道らしさがふんだんに用いられている。

窓の下の紫色のラインは北海道のラベンダーやライラックを、グランクラス（192ページ参照）の内装に使われているクリーム色は北海道名産の乳製品をイメージさせる。またカーペットやブラインドの模様は、雪の結晶や流氷の海明けをモチーフにしている。

E6系の謎 17

斬新な赤色は何をイメージ?

DATA

運用開始日	2013.3.16
最高速度	320km/h
運行区間	秋田新幹線　東北新幹線
使用列車	こまち　やまびこ　なすの
基本編成	7両
編成定員	336人

２０１３年、「こまち」を超える「スーパーこまち」として運用を開始した、秋田新幹線の新たな主力列車である。

翌年にはＥ３系「こまち」との置換えが完了したため「スーパーこまち」から「こまち」に改名された。

Ｅ３系のデザインは、洗練さと遊び心にあふれている。たとえば、外塗装の茜色は、「なまはげ」や「竿燈《かんとう》」など、古くから秋田の風土に根付いてきた赤色をアレンジしたもの。

また、グリーン車のインテリアは秋田の伝統工芸をモチーフとしてデザインされている。楢岡《ならおか》焼きの釉薬《ゆうやく》「海鼠《なまこ》

釉《ゆう》」の青と、「川連漆器《かわつらしっき》」に塗り重ねられていく漆の茶。これらが日本伝統の直線的な様式美に取り込まれ、落ち着いた空間となっている。

普通車は、実り豊かな秋田の大地をイメージしたデザインだ。左右の座席シートの黄金色は、豊かに実った稲穂を表し、その間をまっすぐ通る通路は田んぼの中のあぜ道に見立てられている。一歩足を踏み入れた瞬間、稲穂の中を分け入るときの高揚感を感じるだろう。自動ドアやブラインドにも稲穂がデザインされており、まさに米どころ秋田を走る列車にふさわしいインテリアとなっている。

E7系・W7系の謎 18

なぜ最高速度が遅いのか?

DATA

運用開始日	2014.3.15
最高速度	260km/h
運行区間	北陸新幹線
使用列車	かがやき　はくたか　つるぎ　あさま
基本編成	12両
編成定員	934人

ＪＲ東日本が所有するＥ７系、ＪＲ西日本が所有するＷ７系は、北陸新幹線開業に向けて両社が共同開発した双子車だ。仕様や外観、カラー、インテリアにいたるまで、このふたつの車両に相違点はほとんどない。

ところで、このＥ７系とＷ７系、最新の新幹線のわりには、最高速度が遅いのだが、それには理由がある。

じつは北陸新幹線は、１９７０年に制定された全国新幹線鉄道整備法に基づいて整備計画が決定された「整備新幹線」のひとつで、営業最高速度が２６０㎞／ｈに設定されているのだ。

そのため、Ｅ５系のような高速度運

転に特化したロングノーズのフォルムは必要とせず、いまどきの新幹線にしては、シンプルな流線型の形状となっている。

また、高速運転時でも安定した乗り心地をつくる「車体傾斜システム」も搭載されていない。

車両のデザインコンセプトは「和の未来」。日本の伝統的な様式美とモダン感覚の融合が見どころだ。

金沢の歴史的建造物「成巽閣《せいそんかく》」の「書見の間」をモチーフにした群青色の座席シート、能登の伝統工芸「輪島塗」から着想を得た朱色の扉など、洗練された和風空間となっている。

923形 ドクターイエローの謎 19

検測車としては世界最速？

DATA

開発年 2000年
最高速度 285km/h
運行区間 東海道新幹線　山陽新幹線
ベース車両 700系
基本編成 7両

「幸せを運ぶ黄色い新幹線」「見るとハッピーになれる」と言われる新幹線。それが「ドクターイエロー」だ。

正式な名前は「新幹線電気軌道総合試験車」。新幹線のルートを走りながら鉄道施設を保守・点検しているＪＲ東海保有の「線路のお医者さん」だ。

東海道新幹線区間を、７００系と同じ、最高速度２７０㎞／ｈ、山陽新幹線区間を最高速度２８５㎞／ｈで走行。営業用新幹線の邪魔をすることなく、日中でも点検作業を行うことができる。ちなみにこのスピードは、検測車としては世界最速である。

１か月に３回、２日間かけて東京－

博多間を「のぞみ」のダイヤで往復。また2か月に1回「こだま」ダイヤで走行し、線路のゆがみや架線の摩耗状態などをチェックしている。

「見ると幸せになる」と言われるだけあって、ドクターイエローに出会うのは難しい。運行情報は一般に公開されておらず、また270〜285㎞／hの速さであっという間に走り去ってしまうからだ。

どうしても幸せになりたい方は、名古屋市の「リニア・鉄道館」に展示されている、現役から引退した0系ベースのドクターイエローを見に行ってみてはいかがだろう。

E926形East iの謎 20

ドクターイエローと、どこが違う?

DATA

開発年 2001年
最高速度 275km/h
運行区間 東北新幹線　上越新幹線　北陸新幹線
北海道新幹線
ベース車両 E3系
基本編成 6両

E926形East i（イーストアイ）は、前項の東海道・山陽新幹線で活躍する「ドクターイエロー」と同じ「新幹線電気軌道総合試験車」だ。

ミニ新幹線仕様のE3系をベースにしているため、東北、上越、北陸、北海道新幹線の他に、ミニ新幹線となる秋田、山形新幹線と、広範囲にわたって検測を行うことが可能だ。

東北、上越、北陸、北海道新幹線区間では、およそ10日に1度の検測。それに対し、秋田、山形新幹線区間は法的には新幹線ではなく在来線であるため、検測周期は新幹線区間よりも長く設定されている。

ところでこのイーストアイ、これほど広範囲にわたって検測を行っているにもかかわらず、たった1編成しか製造されていない。そのため、故障や検査などで運行できない場合に備えて、イーストアイ3号車にあたる「軌道検査車」が別途用意されている。イーストアイが使用できないときには、この車両をE2系に組み込んで、軌道の検測を実施することが可能だ。

ちなみに九州新幹線では、ドクターイエローやイーストアイのような専用の車両を用意するのは不経済であるなどの理由から、800系に検測機器を積み込み、チェックを行っている。

その3

新幹線でいちばん長い路線と、短い路線は？

いちばん長いのは「東北新幹線」の713.7km（東京―新青森）。いちばん短いのは「北海道新幹線」の148.8km（新青森―新函館北斗）。ちなみに、2位以下の新幹線の距離はこうなる。2位「山陽新幹線」644.0km（新大阪―博多）／3位「東海道新幹線」552.6km（東京―新大阪）／4位「信越新幹線」345.5km（高崎―金沢）／5位「上越新幹線」303.6km（大宮―新潟）／6位「九州新幹線」288.9km（博多―鹿児島中央）／7位「北海道新幹線」148.8km（新青森―新函館北斗）※「山形新幹線」148.6km（福島―新庄）／※「秋田新幹線」134.9km（盛岡―秋田）。山形・秋田新幹線は“ミニ新幹線”なので番外とした。

その4

新幹線の駅間でいちばん長いのは？

北海道新幹線の「奥津軽いまべつ」と「木古内」の間が74.8kmで最長。

北海道新幹線が開業する前は、山陽新幹線の「相生―岡山間」が67.9kmで最長、東海道新幹線の「米原―京都間」が67.7kmでそれに次いでいた。

ちなみに、最短は「東京」と「上野」の間で3.6km。

PART 3

そういえば、それってなんで？
乗車中にふと思った新幹線の謎

21 東京—大宮間は、なぜ極度にノロノロ運転なのか？

２０１６年３月に北海道新幹線が開業した。始発の東京から終点の新函館北斗までは最速で４時間２分。北海道はさらに近くなった。はやる気持ちを抑え、東北・北海道新幹線に乗車した人も多いだろう。だが、列車は東京駅を出発しても、なかなかスピードを上げない。

「どうして？」と疑問を抱いた人も多いのではないか。

もちろん、東北・北海道新幹線が遅いわけではない。むしろこの新幹線の最高速度は３２０㎞／ｈ（宇都宮—盛岡間）で、全国でも最速だ。

遅いのは東京—大宮間だけで、30・３㎞を26分かけて走る（途中の上野駅に停車しない場合は23分間）。当然、下りも同様に、大宮—東京間はノロノロ運転になる。また、この区間を走る上越・北陸新幹線も同じである。

このような現象が起きている理由は、路線の理由による。カーブの半径が小さいため、速度を上げることができないのだ。よって、東京—大宮間の最高速度は110km／hに制限されてしまっている。

新幹線は、一部の例外区間を除いては、最高速度250km／hで運転できるように、カーブの標準的な最小半径は4000mになっている（東海道新幹線の最小半径は2500m）。しかし、東京—大宮間には、半径1000m未満の急な曲線が、あちこちにある。

たとえば、東京—秋葉原間や上野—日暮里間には半径500m以下の急曲線もあり、最高時速はそれぞれ70km／hと65km／hに制限されている。これは一例だが、こうした急曲線が点在するため、速度を上げられないわけだ。

ちなみに、建設が決定した当初は、東京—大宮間の住民から反対の声が上がった。住宅密集地に超高速の新幹線を通せば、どんな悪影響が出るかわからない。反対派の主張は、もっともな話だろう。

そこで、この区間の一部で新幹線を地下に通す計画もあったが、地盤の問題などで頓挫した。この他にも、さまざまな問題が浮上したが、東京—大宮間のスロー運転など、ひとつずつクリアしていき、開業にこぎつけたのである。ちなみに、大宮駅に新幹線が全列車停車するのも、妥協策のひとつと言われる。

22 走行中に「ガタンゴトン」の音がしないのは？

子どもたちが〝電車ごっこ〟をするとき、よく「ガタンゴトン」という擬音が使われるが、この音の正体をご存じだろうか？

これは、電車が〝レールの継ぎ目〟を通過するときに生まれる音。

では、なぜ「レールの継ぎ目」があるのかと言えば、レールが伸び縮みするからである。鉄製のレールは、夏には伸び、冬には縮む。たとえば、真夏の炎天下では、レールの温度は70℃くらいまで上昇する。鉄は熱が加えられると伸びる性質をもつが、仮に1本が1000mの長いレールだとすると、20℃のときと比べて5㎝ほど伸びる。もしもレールの継ぎ目がなければ、レールは曲がったり、ヒビが入ってしまうのである。

というわけで、レールには継ぎ目が必要となった。在来線では25mの「定尺レール」が多く使われ、25mか50mおきに継ぎ目があったが、現在は「ロングレール」に切り替わりつつある。

25mの定尺レールをつないでいき、200m以上になったものを「ロングレール」というが、新幹線ではこれをさらにつなぎ合わせ、長さ約1000m、1mあたり60kgのものを採用している。この新幹線用のレールは、断面が大きく、剛性も増したタイプのものだ。

当初は、そんなに長いレールを使って大丈夫？　という心配の声もあったが、レールを枕木に固定し、枕木も動かぬよう道床にとりつけたところ、レールはそれほど伸びないことがわかったため、ロングレールが採用されたのである。

とはいえ、夏にはやはりレールは伸びる。そこでロングレールでは「伸縮継目」を用いて対応（76ページ図参照）。これが新幹線の騒音や振動を減らし、高速性や安全性にもひと役買っている。

近年では、さらに上を行く「スーパーロングレール」も開発されている。たとえば北海道新幹線が走る青函トンネルでは、全長52kmを超えるスーパーロングレールが使われている。

ちなみに、200mのロングレールの輸送には貨物列車が使われる。現地まで運ばれた後、配置され、さまざまな溶接方法でつなぎ合わされていく。

23 新幹線はなぜ猛スピードでカーブを曲がれるのか？

自転車でカーブを曲がるとき、車体を少し横に傾けているだろう。急カーブで速度をゆるめず、ハンドル操作だけで曲がろうとしたら、自転車は外側に吹っ飛ばされてしまう。カーブでは自転車には遠心力が働き、外側に引っ張られているからだ。スピードが速く、カーブが急なほど、この力は強くなる。それを防ぐために自転車を内側に傾けて、遠心力を弱めているのである。

じつは、新幹線にもこれと同じような原理が使われている。

カーブのときには、新幹線が内側に傾くようになっているのだ。

どのように車体を傾けるのか？

線路のカーブでは、外側と内側の高さが変わっている。外側のレールを内側より高くすることによって、自然に車体が傾くようになっているのだ。

在来線では、線路の左右の高低差は、最大で10・6㎝に設定されているが、新幹線では最大20㎝となっている。

かつては18㎝だったのだが、東海道新幹線の「のぞみ」が255㎞／hで走れるように、高低差を広げたのである。

このカーブにおけるレールの内側と外側の高低差のことは「カント」と呼ばれ、東海道新幹線では、「のぞみ」の運転前に大規模なカント工事が行われた。こうして、半径2500mのカーブに対して、東海道新幹線は255㎞／hで通過できるようになったのである。

カントを高く設定できれば、もっとスピードを出せるのかもしれないが、新幹線では20㎝を上限とした。なぜなら、それ以上だと車体が傾き過ぎて、停車したときなどには、問題が生じると考えられたからである。

だが、東海道新幹線には、それ以上のスピードが求められた。そこで考え出されたのが「車体傾斜システム」だ。車体の片側を空気バネで持ち上げ、さらに傾く構造にしたのだ（154ページ参照）。

ちなみに、カーブではカントだけでなく、線路幅も少し広くなっている。このおかげで車輪とレールとの間に〝ゆとり〟が生まれ、列車はスムーズに曲がれる。このゆとりは「スラック」と呼ばれ、新幹線の場合は5㎜である。

伸縮継目の構造

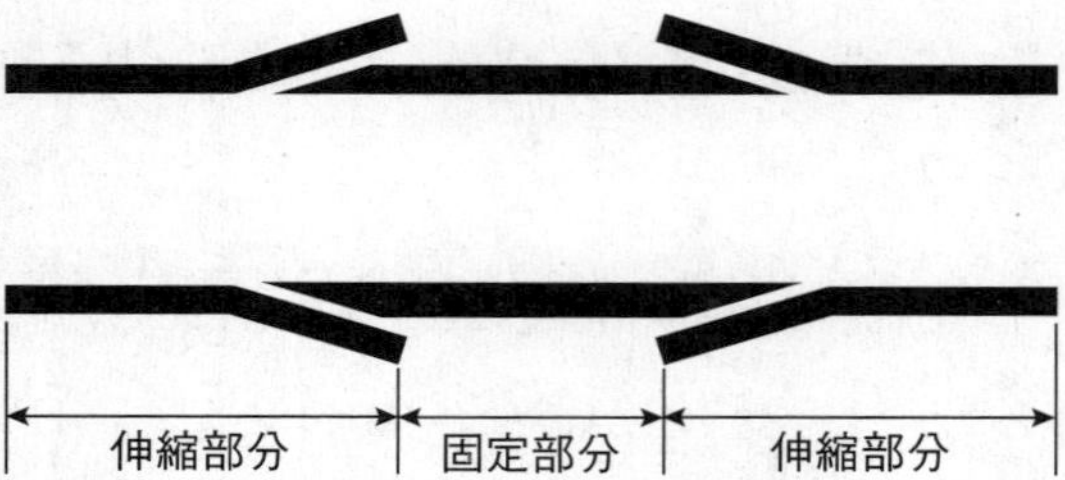

カーブの「カント」とは

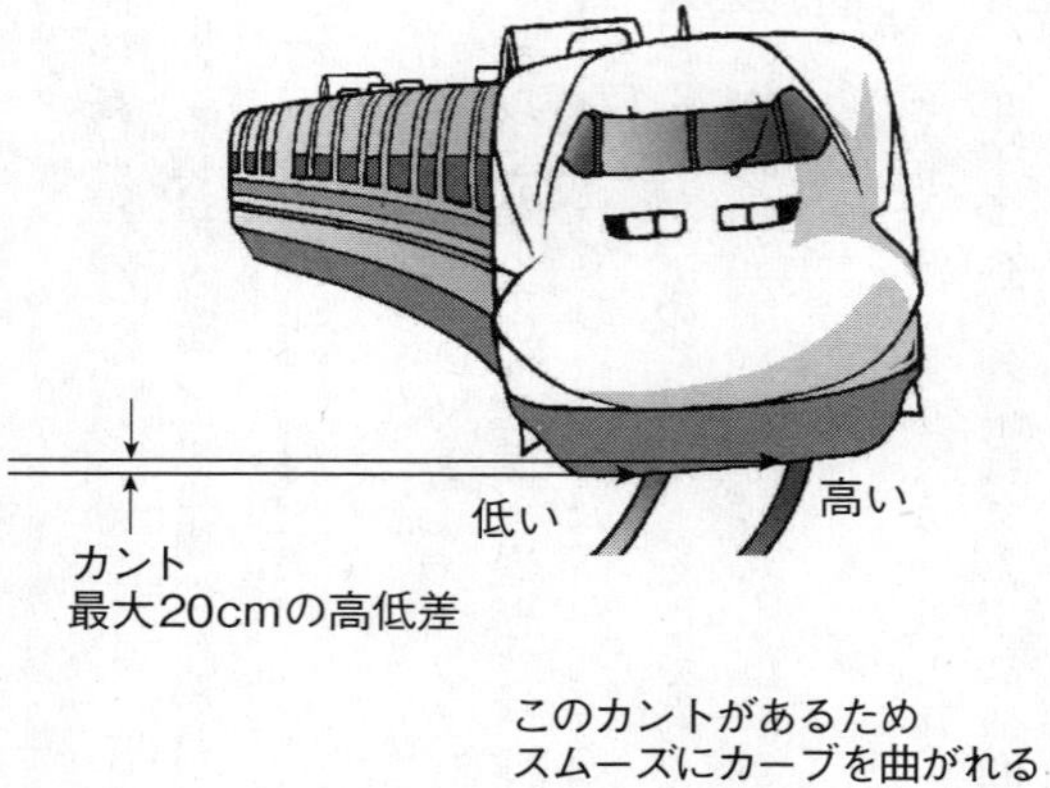

24 超高速で走る新幹線のブレーキはどうなっている？

航空機では「離陸より着陸のほうが難しい」と言われる。そして、列車も、「走らせるより停めるほうが難しい」と言われる。もちろん、これはものの表現で、どちらも難しいことは言うまでもない。運転士は多数の乗客の命を預かり、超高速度で動かしているのだから、その重圧は計り知れない。

『新幹線を運転する』（早田森・著／メディアファクトリー刊）という本がある。現役の新幹線運転士さんに綿密な取材を行って書かれた名著だ。その中に、こんなくだりがある。抜粋・引用させていただきたい。

「新幹線に限らず、電車の運転では定時運転が求められます。（中略）許される誤差は最大でプラスマイナス15秒。もっとも、新大阪まで普通に運転して、10秒以上ずれることはめったにありませんが……。そうやって定時運転したうえで、急加速や急減速など不必要なスピードの増減がなく、乗っているお客様にも快適で、電力もあまり消費せず、車両にも負担をかけずにスムースに走行するのがベスト。これが私の、理想の運転です。」

同書の中でこのように語られたのは、JR東海の社内コンテストで「最も優秀な運転士」に選ばれた方である。プロ中のプロの含蓄ある言葉だ。

◇新幹線のブレーキには2種類ある

さて、新幹線だけでなく、列車のブレーキで最も使用率が高く、一般的に知られるのが「空気ブレーキ」だ。ブレーキシリンダーに高圧の空気を送り、ブレーキシューを車輪に押しつけ、その摩擦力で回転を弱めて停める方法だ。ただし、強くかけると車輪がレール上を滑ったりして安定性を欠いたり、使いすぎるとブレーキシューが摩耗して摩擦力が劣化するなどの問題がある。

そこで、新幹線では「空気ブレーキ」と「電気ブレーキ」を併用している。電気ブレーキで時速30㎞/h以下に速度を落とし、そこから空気ブレーキで停車させるというシステムである。

電気ブレーキとは、自転車のタイヤ脇に取り付けられた発電機をイメージするとわかりやすい。電気ブレーキを作動させると、モーターへの電気供給が停まる。だが、高速走行している新幹線車輪の回転は、なかなか止まらない。そこで、車輪を動かしていたモーターを発電機にしてしまおうという発想だ。

自転車の発電機と同じように、その抵抗力によって、車輪の回転はじょじょにゆるやかになり、速度も落ちていく。自転車の場合は、そこで発生した電気でライトを点灯するが、新幹線の電気ブレーキでは、動力エネルギーを熱エネルギーに変えていく。ただし、高速走行の新幹線では、生み出す電力も相当な大きさになるため、大きな抵抗器が必要になる。軽量化を求められている新幹線としては、これがじつに厄介な問題だったのである。

約30㎞もの連続する下り坂を走る北陸新幹線では、その問題がクローズアップされた。上り坂ではモーターの出力を上げればよいが、下り坂では速度を抑えるために電気ブレーキを使わなければならない。そのためには、かなり大きな抵抗器が必要となるのだが、その重量を担う余裕はない。

そこで考案されたのが、「電気回生ブレーキ」だ。北陸新幹線のE2系には、新たに開発された「電気回生ブレーキ」が採用されることになった。

これはモーターが発電機として生み出した電気を抵抗器に流すのではなく、

電気回生ブレーキとは

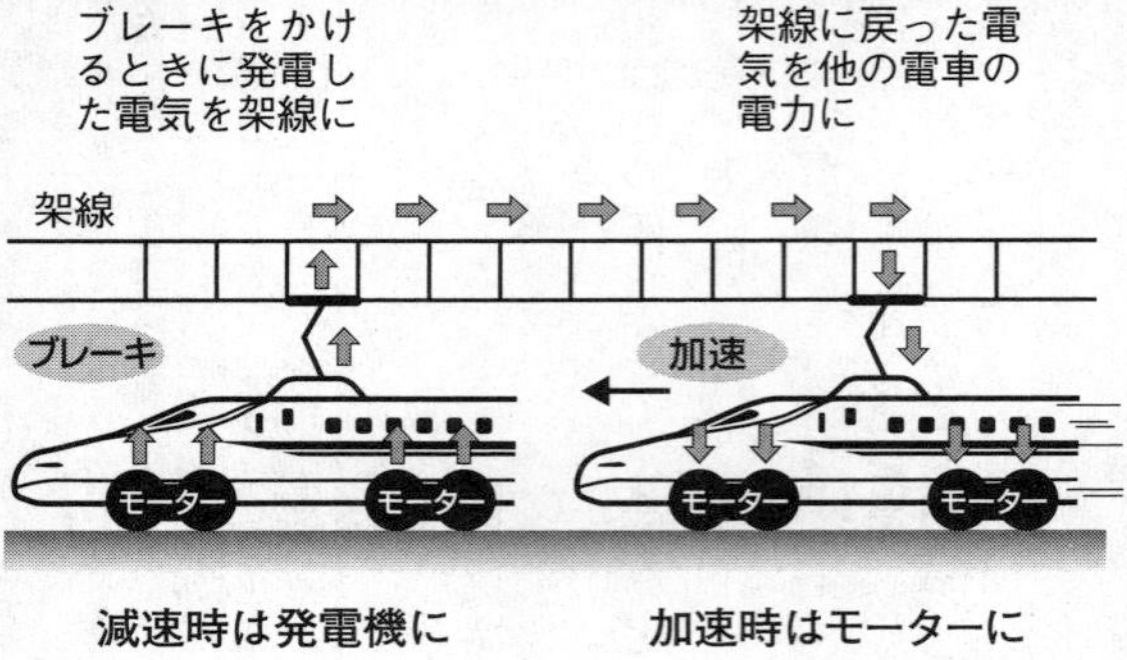

パンタグラフを介して架線に戻す仕組みだ。架線に戻された電気は、もちろん電力として利用できる。

この新システムでは抵抗器を搭載しないため、新幹線の軽量化が図られた。また電気を再利用できるため、二重の意味で省エネにもつながったのである。

いっぽう、急ブレーキをかけた場合には、「セラミック噴射装置」が働くことになる。これはセラミックの粒子を噴射ノズルでレールと車輪の間に吹き付け、一時的に摩擦を大きくして停めようとするもの。車輪が空転したり滑ったりするのを防止できるメリットもある（詳しくは181ページ参照）。

25 東海道新幹線はなぜ、いまだに時速285km／h止まりなの？

1964年〝夢の超特急〟が、最高時速200km／hで運行を開始。以来、東海道新幹線は「日本の大動脈」と言われ、人々を西へ東へと運んできた。

東海道新幹線の最高速度と所要時間の変遷は、以下の通りである。

・0系　ひかり　200km／h　1964年～4時間
・0系　ひかり　210km／h　1965年～3時間10分
・100系　ひかり　220km／h　1986年～2時間56分
・300系　のぞみ　270km／h　1992年～2時間30分
・N700系　のぞみ　275km／h　2007年～2時間25分
・N700系　のぞみ　285km／h　2015年～2時間22分

この間、たとえば山陽新幹線は1997年に「のぞみ」（N500系）が300km／hで走っている。また、東北新幹線は2013年に「はやぶさ」（E

5・H5系）が320㎞／hで快走。さらに試験走行ではあるが、東海道新幹線の路線内（米原─京都間）で1996年に443㎞／hを実現している。「直結する山陽新幹線が300㎞／hで走れるなら、東海道新幹線だって走れるはずで、もっと速度を上げるべき」という意見が出るのも当然の話なのだ。事実、「東海道新幹線は330㎞／hで走行可能」と言う専門家もいる。

なのになぜ、いまだに285㎞／hなのか？

いくつか理由はあるが、ひとつは前述の路線のカーブの問題。東海道新幹線とそれ以降に建設された新幹線では、カーブの大きさが違うのだ。東海道新幹線は基本的に半径2500m以上とされ、その他の新幹線は半径4000m以上とされた。つまり、東海道新幹線は、曲がりがきついのである。

また、騒音の問題もある。「新幹線の騒音は70～75デシベル以下」という基準がある。車両の軽量化やパンタグラフの改良などにより、騒音は軽減されてきたが、速度を上げれば、走行音は大きくなる。

というわけで、東海道新幹線は、能力的にはスピードを出せるが、安全面、環境面で速度を押さえている状態なのである。

26 そもそも、新幹線の鼻はなぜ丸くなったのか？

かつて、新幹線の顔と言えば〝丸い鼻〟が象徴とされた。この顔になった理由をひと言で言えば「空気抵抗を少なくするため」である。

列車が走るとき、先頭車両には空気がぶつかる。ぶつかった空気は、左右に分かれ、列車にまとわりつくように後ろに流れていく。そして最後尾を過ぎると、渦をつくって列車を引き戻そうとする。この空気の流れは、速度が上がるほど強くなり、列車の走行を邪魔する力となる。その力は、速度の2乗に比例すると言われ、速度が2倍になれば、走行を邪魔する力は4倍に増えるのだ。

開業当時、200㎞／hの高速で走ることになった新幹線は、この問題を克服しなければならなかった。

空気の抵抗力に負けないためには、モーターのパワーを上げる必要がある。だが、それだと大きなモーターが必要になり、車体も重くなる。すると、消費電力も増え、コストも上がってしまう。というわけで、この方法はNGだ。

空気の流れのイメージ図

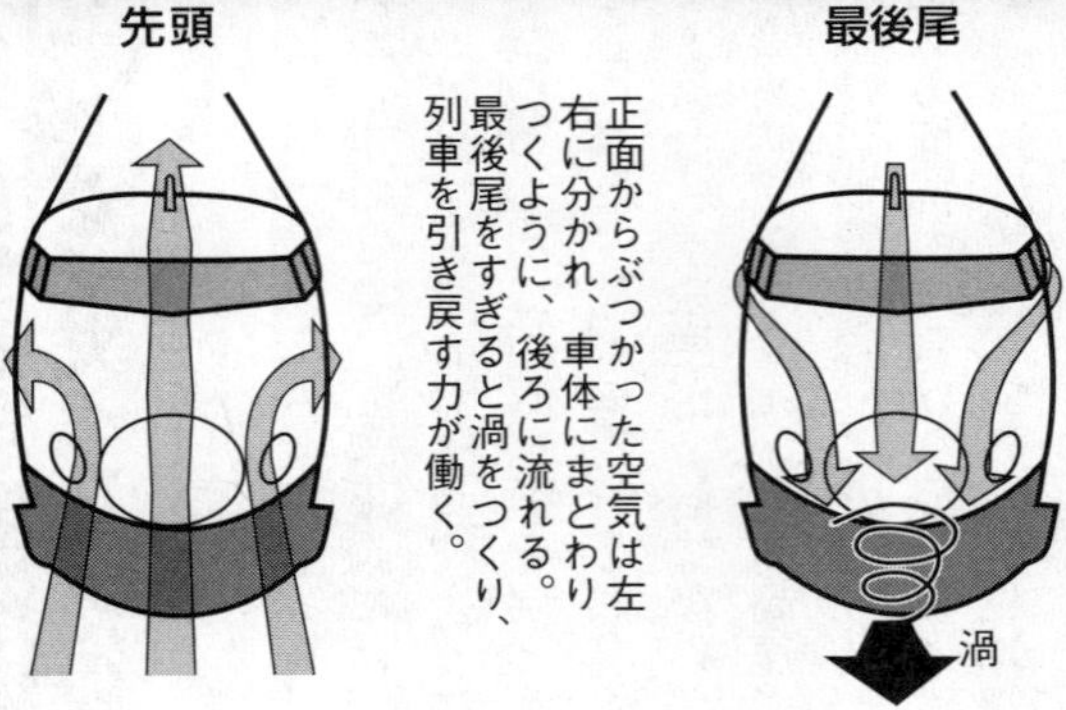

正面からぶつかった空気は左右に分かれ、車体にまとわりつくように、後ろに流れる。最後尾をすぎると渦をつくり、列車を引き戻す力が働く。

それならば、最初から空気の力を弱めてしまえばいい。そこで考えられたのが航空機の形態を列車に応用することだった。こうして初期の0系は、航空機の先頭部に似た丸い鼻と、角を少し丸くしたコンパクトな車体になったのである。

車体を流線形にしたことで、空気は上にはね上げられ、列車にまとわりつくことも、最後尾で渦をつくることも解消される。実験でもそれが証明された。

ところが、ここで思わぬ問題が出現した。「トンネル・ドン」の問題である。正しくは「トンネル微気圧波」という。

新幹線が高速でトンネルに突入すると、トンネル内の空気が列車に押し出されて

「トンネル・ドン」はこうして起こる

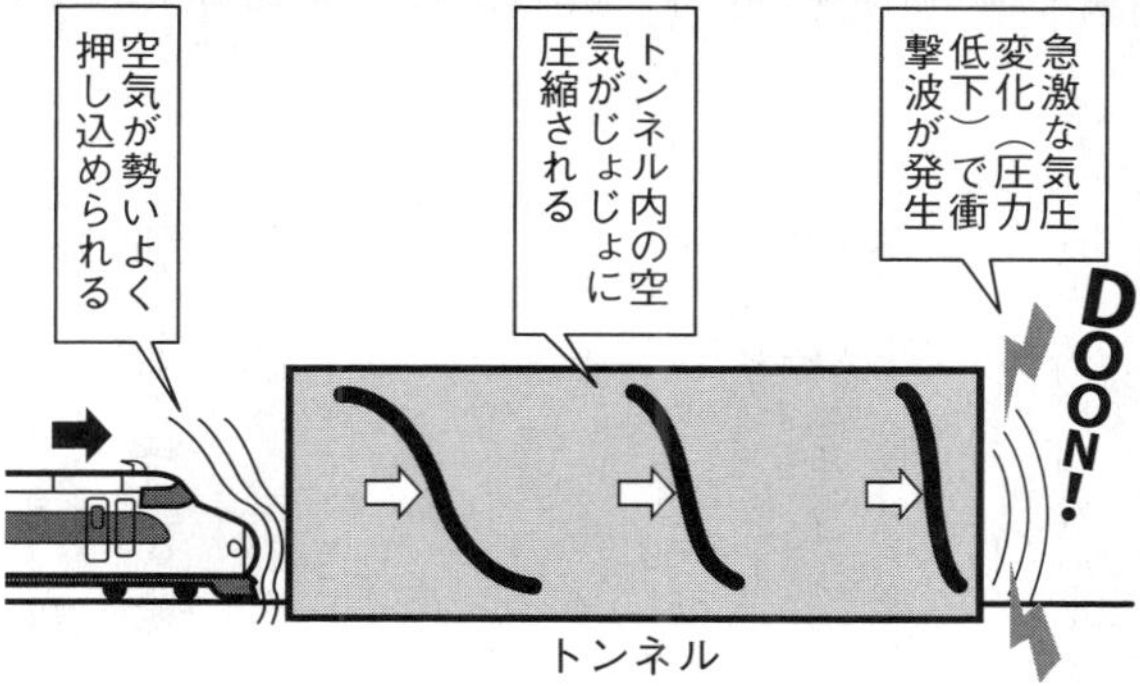

出口方向に圧縮されていく。
トンネル内は狭いため、逃げ場をなくした空気の圧縮波は、その力を強めながら出口に向かう。そして「ドーン！」という爆発音とともに、解放されるのだ。この騒音や衝撃はすさまじく、大きな問題となった。
そこで、トンネル突入時に圧縮波が立つのを防ぐために、先頭車両の〝顔つき〟は、丸い鼻から尖った鼻へとじょじょに変わってきたのである。
そして、日本初の時速300㎞／hで走る500系では、ついにロングノーズが採用され、さらに700系ではカモノハシの口のようになった。

27 新幹線の鼻の中って、どうなっている？

新幹線の〝鼻〟が長く延びてきた理由については前述した。では、その鼻の中には何が入っているのか？

答えは「連結器」である。鼻の先がパカッと開くと、連結器が見える。

東北新幹線では、この連結器が大活躍する。ミニ新幹線の「山形新幹線」と「秋田新幹線」を連結して走行するからだ。

山形新幹線の起点になる福島駅では、E2系の「やまびこ」とE3系の「つばさ」の連結シーンが見られる。秋田新幹線の起点となる盛岡駅でも同様に、E5系の「はやぶさ」とE6系の「こまち」の連結が行われる。

かつて、連結や切り離しは手動で行われていたが、現在は「全自動連結システム」によって、自動で行われる。乗務員室にいながら、簡単に遠隔操作できる仕組みだ。たとえば、盛岡駅ではE5系「はやぶさ」とE6系「こまち」の連結が見られるが、こんな感じだ。

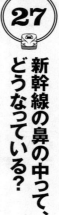

先に新青森発の「はやぶさ」がホームに入り、停車すると〝鼻〟が静かに左右に開き、連結器が現れる。しばらくして「こまち」も同じホームにゆっくり入ってくる。このとき「こまち」の鼻はすでに開かれていて、連結器が見えている。それぞれの車両の連結器には、右側に尖った突起があり、左側に穴がある。「こまち」は「はやぶさ」の手前、3mくらいのところで停止。そこからそっと近づいて接触し、お互いの突起がそれぞれの穴に入ると、回転鍵がニョキッと現れて、がっちり両車両が固定される。これでドッキング終了だ。そして連結された「はやぶさ」と「こまち」は、静かに走り出す。

ところで、分岐する路線がない東海道・山陽新幹線なども、鼻の中には連結器があるのだろうか？

答えは「ある」。しかし、通常運転では必要ないため「全自動連結システム」の装備はない。万が一、連結が必要になったときには、手動での連結となる。このため時間はかかるが、連結器は、故障や非常時のためには欠かせない。新幹線が故障したときなどには、前後にいる新幹線がやってきて、連結器で結合し、牽引して安全な場所まで移動することになっている。

連結はこうして行われる

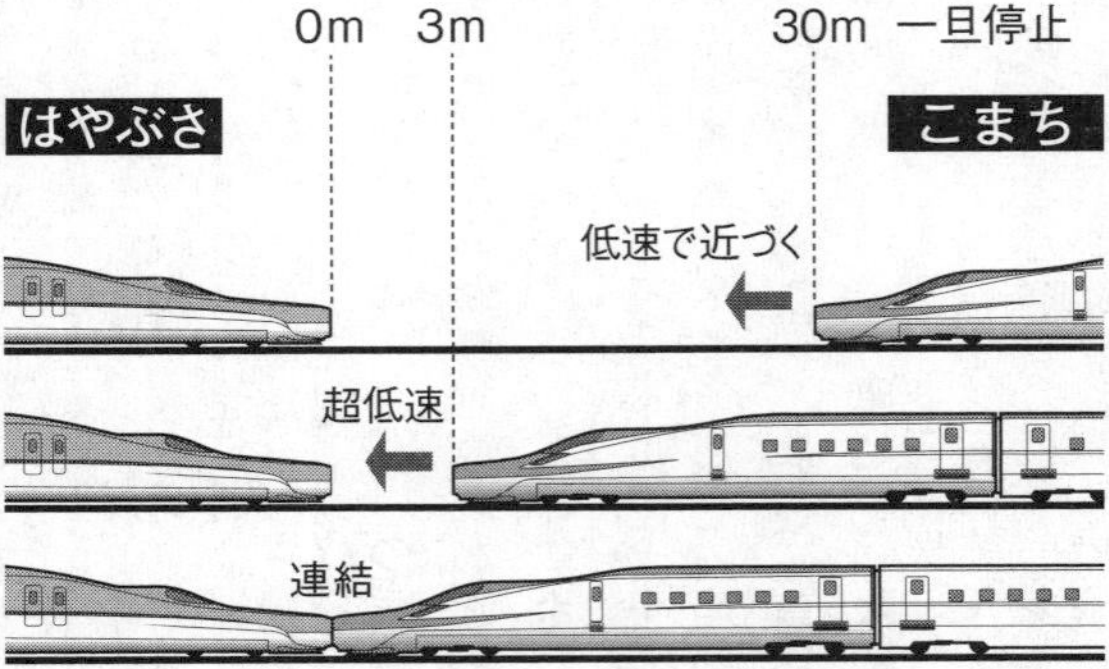

連結された「はやぶさ」(左)と「こまち」(右)

28 新幹線の顔は、なぜいつもピカピカなのか？

わずか7分の間に客室やトイレ、洗面台の清掃、ごみ出し、座席カバーの交換、忘れ物のチェックなどを完璧に終える新幹線の車内清掃が、海外で高い評価を得ている。一方で、車両基地という裏方で、毎日新幹線の〝顔〟をピカピカに磨き上げている人たちがいるということをご存じだろうか。

東海道新幹線では、一日の仕事を終えた新幹線が大井にある車両基地に戻ってくると、毎日必ず、念入りな清掃を行っている。折り返し運転時の車内清掃ではできない窓や車内の壁面、座席の側面部分などは、とくに汚れていなくても、毎日必ず丁寧に拭きあげる。車体の外側全体は、電車用の大きな洗車機を使用して洗車。そして、先頭部分に関しては、長いブラシを使って毎日手作業でゴシゴシと磨いていくのである。

「先頭部分は新幹線の〝顔〟ですからね。子どもたちがホームでワクワクしながら列車を待っていて、入ってきた車両を見たとき、汚れていたらガッカリすと、東海道新幹線の車両清掃を行っている、新幹線メンテナンス東海株式会社の某氏は語る。

かつて、最初の新幹線が登場したときには「夢の超特急」と、日本中が大騒ぎしたものだが、いまも新幹線は夢の乗り物。その「夢」を壊してしまうことのないよう、心を込めて毎日清掃作業を行っているのだそうだ。

他にも、毎日行う清掃とは別に、「特別清掃」といって、とくに念入りに行う清掃も、定期的に実施されている。

専用の洗剤を使用して窓ガラスを磨いたり、車内の蛍光灯カバーをひとつずつ外して内側までキレイにしたり、また、年に1度、床のワックスをはがして新しいワックスを塗り直す。座席に関しては、定期的に「泡洗剤」を使い、徹底的に汚れを落としていく。

いつでも気持ちよく新幹線を利用できるのは、こうした影の努力があってこそ。日本の新幹線は、安全性や技術だけでなく、こうしたおもてなしの心もまた、「世界に誇る」といわれる所以なのだろう。

29 新幹線の窓ガラス、割れることはないの？

1964年の開業当時、東海道新幹線の座席から眺める景色は、いまよりもよかったのではないか。なぜなら、窓ガラスが大きかったからだ。新幹線には開かない窓が採用されたため、乗客は圧迫感を感じてしまう。このため、座席2列分の大きな窓が付けられ、眺望をよくし、解放感を出したのである。

しかし、冬の積雪で有名な関ケ原付近では、窓が破損する事故が多発した。列車から落下した雪が線路のバラスト（砂利）を跳ね上げたのだ。このため、1976年に投入された車両からは、座席1列分の小窓になった。

窓ガラスの構造は、0系のときから大きく変わっていない。車外の熱や騒音が車内に入らないように、断熱性や遮音性の高い材質と構造が選ばれている。

仮に、線路付近の砂利が当たってガラスが割れることがあっても、飛び散ることがないよう、複層ガラス（合わせガラス）が採用されている。

ガラスの構造は、まず、外側と内側のガラスに分けられる。

外側は、厚さ3㎜の硬質ガラスと厚さ5㎜の強化ガラスの合わせガラスになっている。この2枚のガラスの間にはフィルムが挟まっている。

そして、内側（客席側）には、厚さ5㎜の強化ガラスが貼ってある。外側の合わせガラスと、内側の強化ガラスの間は、フィルムではなく空気層になっている。空気層にしたのは、結露を防いだり、防音効果があるためだ。

このように窓ガラスは複層になっており、厚みはおよそ19㎜にもなる。

さらに、時速300㎞／hで走る500系には、外側にもう1枚、ポリカーボネイトという樹脂が貼られることになった。これにより、車体と窓の段差がなくなり、車体にまとわりつく空気がよりスムーズに流れるようになった。エネルギーのロスも少なくなったのである。

そして、N700系では、ついに特殊ポリカーボネイトを使った、単板が採用されるようになった。これまで3枚の合わせガラスだったものが1枚になったため、部材量も質量も軽くなった。さらに飛び石などにも強く、耐久性も増したという。700系に比べると窓が少し小さくなったが、複層ガラスよりも透明感があるように感じる。

窓ガラスは複層になっている

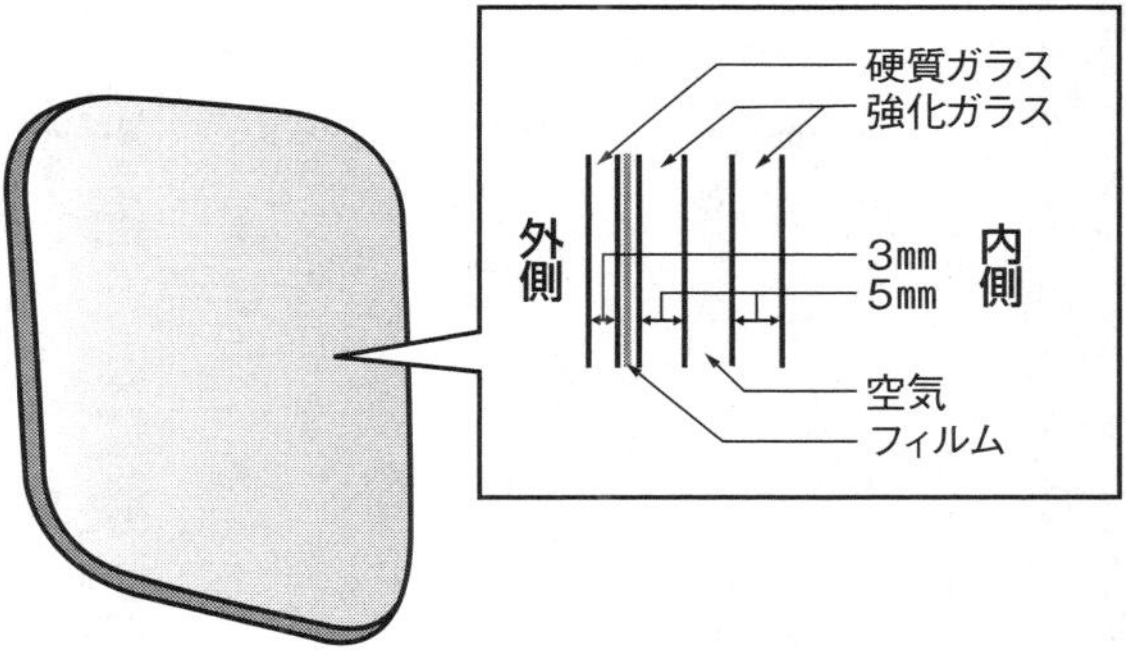

N700系では単板の窓ガラスが採用された

30 新幹線のドアは、なぜあんなに狭いのか？

旅行などで、大きな荷物を持って新幹線に乗ったとき、ドアに荷物をぶつけたことはないだろうか。

それもそのはずで、新幹線のドアは狭いのである。その幅は約70㎝だ。

新幹線の中には、Ｅ４系のように１０８㎝幅の車両や、また車イス対応の１０５㎝のドアもあるが、基本的に70㎝ほどである。

もっと大きくすれば、乗り降りは楽だし、２枚の両開きドアにすれば、乗降にかかる時間の短縮にもなるはずなのに、なぜ小さいのか？

結論から言えば「大きくしたくてもできない」のである。

高速で走る新幹線は、気密性を重視している。トンネルに入ったときや対向列車とすれ違ったときに、車体の外側の気圧は大きく変化する。トンネルに入ると耳がキーンとなったりするのは、気圧の影響だが、車内の気密性を高めておけば気圧は一定となり、外圧の大きな変化を受けにくくなる。これによって、

新幹線のドアは狭い。乗客ひとりが通るのがやっと

11両車の後ろのドアだけは、車イス対応で広くなっている

新幹線内での居住性が高まるのだ。

飛行機の出入り口のドアが強力に閉められていることはご存じだろう。機内の気圧を保つためだが、新幹線のドアも、これと同じなのである。ドアを2枚の開閉式にしたり、大きくしたりすれば、気密性を維持できなくなる危険性が高まるのだ。

ちなみに、新幹線のドアが開くときには、「プシュー」と音がして、ドアが車内側に少し動き、それから開く。いっぽう、ドアが閉まるときには車体フレームに押し付けるようにして、カチッとしまる。こうして高い気密性を保っているのである。

31 新幹線の最高速度、本当は何キロ出るか？

「最高速度」とは「営業運転速度の上限」のこと。現在、新幹線では、東北新幹線が３２０㎞／ｈ、山陽新幹線が３００㎞／ｈで営業運転を行っている。ミニ新幹線の山形新幹線や秋田新幹線の最高速度は１３０㎞／ｈだが、これはふたつの〝新幹線〟が、本当は在来線だから。在来線の最高速度は１３０㎞／ｈと決められているのである。

在来線には「列車が急ブレーキをかけて停止するまでの距離は最大で６００ｍ」という規則があり、ここから逆算して最高速度が割り出されたのである。そもそも在来線には、踏切に人や障害物が入る危険性もあり、急ブレーキが必要になるケースがある。

いっぽう、新幹線には踏切はなく、時速１３０㎞／ｈの制限は必要ない。しかも新幹線は「全国新幹線鉄道整備法」によって「その主たる区間を列車が２００㎞／ｈ以上の高速度で走行できる幹線鉄道」と定義されている。下限は決められているが上限はないわけで、安全面や環境面をクリアできれば、最高速度を追求してよいのである。

ただし、「整備新幹線」と呼ばれる5つの路線には制限がある。北陸新幹線、九州新幹線（鹿児島ルート&長崎ルート）、北海道新幹線、東北新幹線の盛岡―新青森間には、最高速度260㎞／hという法的な制限があるのだ。

さて、ではじっさいに、日本の新幹線は、時速何キロで走れるのか？

現在のところ、443㎞／hという記録が出ている。これはいまから20年も前、1996年7月のJR東海の試験車両による記録だ。

新幹線には、走行性や安全性、快適性などを向上させるための試験車両があるが、443㎞／hを出したのは、6両編成の955形試験電車「300X」。試験車両は営業車両とは大きく違い、先頭車両と最後尾車両の形状が違っていたりする。この記録は米原―京都間を走行中のものだ。

この時速443㎞／hという記録は、20年経っても破られていないが、試験走行で試された技術や結果は、700系やN700系の開発へとつながっている。こうして新幹線の「時速300キロ時代」が到来したのである。

32 上越新幹線が豪雪地帯をスイスイ走れるのは？

初代の東海道新幹線では、雪対策は甘く考えられていたと言ってもいい。最も雪が多い関ケ原付近でも積雪量は50～70㎝ほどなため「大丈夫、なんとかなる」とスタートしたのである。ところが開業の翌年の冬には、大雪による障害が増え、「新幹線は雪に弱い」と言われるようになった。

車両に付着した雪が氷の塊となって落下し、線路のバラスト（砂利）を跳ね上げて窓ガラスを割ったり、床下の機械を故障させたりしたのである。

そこで、基本的な対策として、線路脇にスプリンクラーを設置し、水をまいて雪を溶かしたり、雪の舞い上がりを防ぐ対策が取られた。しかし、その放水量が多かったため、今度は路盤が沈下する危険性が出てきてしまったのだ。

こうした反省を教訓に代え、降雪量の多い上越新幹線では、あらかじめ入念な積雪対策が施された。

まずは雪に強い車体である。床下機器を雪から守るため、車体の外板を床下まで延長した「ボディマウント構造」が採用され、車体の前面には「スノープラウ」と呼ばれる雪かきもつくられた。

そして、降雪量が多い地域では、線路を「スラブ軌道」とした。通常は砂利の上に枕木を並べたバラスト軌道だが、スラブ軌道はかさ上げしたコンクリートの上に枕木を並べる構造だ。これによって線路の脇に空間ができ、新幹線が蹴散らした雪は、ここに落ちて溶ける仕組みになっている。

さらに、降雪量がとくに多い地域では、スプリンクラーを6mおきに設置して、大量の散水をした。1時間に40㎜ほどの降水量と同等と言われ、土砂降りの雨が降っている状態だ。雪を解かすというよりは、除去するという感覚に近い。しかも、この水は加熱されたものなので、雪は融けやすい。溶けた雪と水は、回収されて貯水槽に戻り、再び加熱されて散水されるという循環システムである。

また、分岐点（ポイント）では、車両に付いた雪の塊が落ちてポイントが切り替わらなくなったり、凍結して動かなくなるのを防ぐため、「急速除雪装置」や「電気温風式融雪装置」が採用されている。

33 新幹線のトイレが「シュポッ」と音がするのは？

いまでは信じられないが、ひと昔前まで、列車のトイレは「垂れ流し式」だった。用を足せばそのまま落下したため、線路や近辺には汚物が飛散した。そこで「せめて駅に停車中は使用しない」というルールが設けられたが、我慢できない人が用を足すため、大きな駅では異臭がしたりした。

なんとも不衛生な話だが、この状況を一変したのが新幹線である。東海道新幹線の開業は、列車の「トイレ革命」でもあったのだ。

最初の新幹線に採用されたのは「タンク式」のトイレ。床下に設置されたタンクに排泄物を貯める構造だ。しかし、新幹線の走行距離が延びるにつれ、トイレの使用回数も増える。容量的にも限度があり、タンク式は新幹線には不向きと判断された。

そして、まったく新しいスタイルのトイレが生まれたのである。それは「循環攪拌《かくはん》式」というもの。排泄物は、汚物タンクの中で消毒液と混ざり、攪拌される。その「汚物・消毒液の混合体」はフィルターに通され、消毒液として再利用される方式だ。新幹線のトイレの水が青かったのを覚えている人もいるだろう。あの青色は消毒液の色だったのである。だが、この循環攪拌式トイレには、ニオイが残るという大きな難点があった。

そこで考え出されたのが「真空吸引式」である。現在の新幹線の多くが採用しているタイプだ。

ボタンを押すと水がチョロチョロと流れてきて、「シュポッ」という音とともに汚物が一気に消える。

真空吸引式のトイレでは、排水管や汚物タンクの圧力を下げておくことで汚物を瞬間的に吸い込める。レバーで排水弁が開かれた瞬間、空気は気圧の低いタンク方向に一気に流れ込み、同時に汚物も引き込まれるという原理だ。この方法なら、少ない水でも処理できる。

また、E5系やE7系などの一部の新幹線では、「清水空圧式」という新タイプのトイレもある。これは少量の水を噴射し、その水圧で、汚物をタンクに落とし込む仕組みになっている。

34 新幹線の座席は、なぜ2人掛けと3人掛けなのか？

新幹線の座席を初めて見たときに、違和感を覚えた人はいないだろうか。

「あれ、なんで2人掛けの席と、3人掛けの席に分かれてるの？」と。

たしかに、なんとも奇妙な配列だが、これは〝算数的な事情〟によるもの、という説がある。

じつは、スーパーの鮮魚売り場でも、同じような事情が見られる。

魚の切り身の入ったパックをよく見ると、「2切れ入り」のものと「3切れ入り」のものが並んでいる。これは「家族の人数が何人でも対応できるように」というスーパーの配慮からだという。

たとえば、2人家族の場合は、「2切れ入り」を1パック買えばよい。

3人家族の場合は、「3切れ入り」を1パック。以下、

4人➡「2切れ入り」×2パック

5人➡「2切れ入り」＋「3切れ入り」

6人➡「3切れ入り」×2パック
7人➡「2切れ入り」×2パック＋「3切れ入り」
8人➡「3切れ入り」×2パック＋「2切れ入り」
9人➡「3切れ入り」×3パック
10人➡「2切れ入り」×2パック＋「3切れ入り」×2パック
という具合に、「2」と「3」を組み合わせれば、どんな数字でもつくりだせるのだ。そして新幹線の座席も、この〝2と3を組み合せる数字の魔法〟を利用した、と言われているのである。

在来線の特急では、2人掛けの座席が通路を挟んで並んでいる。しかし、これだと奇数の人数で乗車した場合、誰かが必ずひとりぼっちになってしまう。「せっかく新幹線に乗るのだから、ひとりぼっちになる人が出ないように」という配慮から、新幹線では「2＋3」の座席になった。

本当は、レールの幅から安全に走行できる列車の幅が決められ、その範囲内で最大限の乗車人員を確保するための〝構造的な理由〟や〝営業的な事情〟だったのかもしれない。真偽はわからないが、じつに面白い説である。

35 新幹線の座席って、B席が少し広い？

新幹線の座席は、基本的に1列に5人座れる。では、縦方向には何列あるかご存じだろうか。

答えは「車両によって違う」のだが、たとえば東海道・山陽新幹線の300系、700系、N700系（「のぞみ」「ひかり」「こだま」）では、どれも共通して、次の構成になっている。

・1号車＝13列　3＝17列　5＝18列　7＝15列　13＝18列　15＝16列
・2号車＝20列　4＝20列　6＝20列　12＝20列　14＝20列　16＝15列
・8号車＝17列　9＝16列　10＝17列　11＝13列

あえて行を変えて表記したのには、理由がある。

奇数の車両にはトイレや洗面台、喫煙ルーム、多目的室などがあるため、座席数が少なくなっている。いっぽう、偶数は運転席がある16号車を除き、同じ座席数だ。8・9・10号車はグリーン車なので「2人掛け＋2人掛け」、11号室は車イス対応で後ろの２列が「２人掛け＋２人掛け」になっている。

このように〝統一化〟された新幹線の座席だが、あなたがチケットを購入するときは、どこを選ぶと得か？

「景色を見たいから窓側」とか「トイレに行きやすい通路側」と言う人もいるだろう。だが、次の２点を覚えておくといい。

・３人掛けの真ん中の席（座席番号のＢ）
・１号車と16号車以外の車両

東海道新幹線では、３００系以降、Ｂ席の幅が、他の座席より少しだけ広くなっている。Ｂ席は４６０㎜、窓側と通路側は４３０㎜だ（Ｎ７００系では、Ｂ席は４６０㎜、窓側と通路側は４４０㎜）。

また、先頭と最後尾の車両は、前後の座席との間隔が狭くなっている。これはＮ７００系の先頭車両の〝顔〟が長いから。客席部分まで運転席が後退したため、客室の長さを狭くしたのである。３００系、７００系では、前後の間隔は１０４０㎜だが、Ｎ７００系で１０２３㎜になり、17㎜狭くなった。もしもあなたが大柄の人なら、この２点を考慮して座席を選ぶといいだろう。

36 新幹線の車内はなぜあんなにキレイなのか?

新幹線は「日本人の技術力の結晶」と言われる。スピード、安全性、乗り心地、時間の正確さ……さまざまな技術に世界が驚嘆する。

そして、近年、世界が注目する新技術が加わった。新幹線の車両清掃の技術である。たとえば、東京駅で東北新幹線や上越新幹線の清掃を行うのはテッセイ(JR東日本テクノハート)という会社。

この会社では、1チーム22人の編成を組み、新幹線の車内清掃を、わずか7分間で完璧に仕上げてしまうのだ。その清掃の秘密をご紹介しておこう。

新幹線は16両なので、ほぼ1車両をひとりで担当する。と言うのは簡単だが、1車両の座席数は約70〜100席、床の長さは25mもあるからたいへんだ。7分で仕上げなければならない作業は山とある。

まずは1座席ずつ見て、ゴミを拾い、物入れに残されたモノを取り出す。そしてシートに汚れがあれば、それを拭き落とす。さらに、座席の向きも変えなければならない。作業はまだまだある。すべてのテーブルを出して拭き、ブラインドを上げて窓を拭く。シートカバーもきちんとセットし直し、汚れていれば取り替える。もちろん、床もきれいに磨く。

また、トイレや洗面台、喫煙ルームなど、汚れがひどい場所も、短時間でピカピカに磨き上げなければならない。

まさに、目が回るほどの忙しさである。個々人の技術もそうだが、責任感やチームワークがなければ成立しない〝プロ集団〟による仕事なのだ。

この清掃の様子は、海外メディアでも大きく取り上げられ、アメリカのCNNでは「7ミニッツ・ミラクル（7分の奇跡）」と報じた。

日本でも、さまざまな企業が視察や研修に訪れるという。清掃の技術だけでなく、働く姿勢を学びにくるのだ。

清掃チームは、列車が入る前にホームに整列し、深くお辞儀をして列車を出迎える。降車してくるお客さまには一礼して「お疲れさまでした」と声をかける。清掃後の撤収も見事だ。「お客さまに気持ちよく乗車いただきたい」という「おもてなし」の心が、新幹線の清潔感を支えているのだ。

その5

新幹線は、今後どこまで伸びる予定？

column 5 入鉄済

北陸新幹線の金沢―敦賀間（113km）が2020年の開業を目指している。また、敦賀からさらに大阪まで延伸する予定だが、そのルートについては琵琶湖の西を通る京都ルートや、京都を経由せず新大阪に入るルートなどが検討されている。
この他、2022年の九州新幹線・長崎ルート（武雄温泉―長崎）や、2030年には北海道新幹線の札幌までの延伸が予定されている。整備新幹線はこれらの延伸が終わると、ひと区切りがつく。さらに並行して、リニア中央新幹線の準備も着々と進んでいる。

その6

新幹線の車両の値段って、どれくらい？

1両あたり約2～3億円（国土交通省の資料より）。もちろん、、種類にもよるが、16両編成で約40億円。1両平均で2.5億円の計算だ。
また、建設費は、これも一概には言えないが、たとえば北陸新幹線の高崎―長野間（約117km）で約8300億円。1km当たり71億円になる計算だ。

column 6 入鉄済

PART

4

高速列車が過密に走れるのは…?

日本中を突っ走る「運行」の謎

37 山形・秋田新幹線が「ミニ新幹線」と呼ばれる理由

「山形新幹線も秋田新幹線も、新幹線ではない」ということは前述した。「山形新幹線」や「秋田新幹線」という名前の路線は存在せず、これは通称。実態は「新幹線みたいな特急列車」なのである。だが、それでは乗客もわかりづらいため、便宜上、「新幹線」としているのだ。

「ミニ新幹線」とは、「新幹線の列車を、以前からあった在来線の路線の幅を改変して直通運転させる方式」のことを言う。

まずは「ミニ新幹線」開業までの経緯を見て行こう。

東海道新幹線が開業すると、次は、山陽新幹線の建設が着手された。そしてこの他にも、東北・北海道・北陸・九州新幹線の計画が進められたのだが、「福島―山形―秋田―青森」を結ぶ「奥羽新幹線」は見送られた。

そこで、当時の運輸省が代替案としたのが、大規模な新幹線ではなく、小規模の「ミニ新幹線」を建設するという構想である。路線を新たにつくるのではなく、在来線の路線に直通させようという計画だ。

しかし、この計画には大きな問題があった。在来線と新幹線の線路の幅が違うからだ。在来線の線路幅は1067㎜。これに対し新幹線は1435㎜。

そこで在来線の線路幅を広げ、新幹線の幅に合わせることにした。同時に、踏み切りを減らしたり、信号を変えたりして〝ミニ新幹線〟を実現させようとした。この方式のほうが、時間的にも、コスト的にも有利だったのである。

ミニ新幹線には、この他にも〝ミニ〟と言われる理由がある。

ひとつ目は、営業距離が短いこと。山形新幹線は福島－新庄間の148・6㎞。秋田新幹線は盛岡－秋田間の127・3㎞と、他の新幹線よりも短い。

ふたつ目は、速度が遅いこと。在来線の路線を使ったため、曲線半径の狭い場所や急勾配、トンネルなどがあり、最高時速は130㎞／hに制限された。

3つ目は、車両自体もミニなこと。新幹線の大きな車体では、在来線のトンネルや橋などを安全に通過できないため、小ぶりに設計されている。

ちなみに、車両が小さいことから、ホームと車両との間に隙間のできる駅があるが、その際にはステップが張り出す安全策が施されている。

38 東北新幹線の最高速度が〝区間限定〟なのは？

現在、日本で最速の新幹線は、東北新幹線の「はやぶさ」（E5・H5系）の時速320km/hだ（秋田新幹線「こまち」に使われる〈E6系〉も東北新幹線内では、この速度で走行する）。

この速度は、フランスのTGVやドイツのICEと並び、世界最速である。世界の鉄道は「時速300キロ時代」に突入した。

しかし、前述したように、日本ではさまざまな問題が絡み、時速300km/hの壁を越えられないことが多い。最高速度で走っている東北新幹線も例外ではなく、320km/hで走れるのは、限られた区間だけなのだ。

宇都宮―盛岡間が、その限定区間だが、これにはいくつかの理由がある。

ひとつは急なカーブが多いという路線の問題。東京―大宮間では、半径1000m以下どころか、500mのところもある（詳しくは70ページ参照）。このため最高速度も110km/hに制限されている。

大宮─宇都宮間も、騒音問題などにより、最高速度は275km／hだ。

では、盛岡以北では、どうなのか？　イメージ的には、盛岡─新青森間は、住宅地を縫うように走ることもなく、カーブや騒音の問題はクリアできそう。だが、この区間も最高速度は260km／hに制限されている。

これには法的な問題が絡んでいる。盛岡─新青森間は「全国新幹線鉄道整備法」によって「整備新幹線」とされている。

1970年に制定されたこの法律により、新たな新幹線の建設が決定した。「北海道新幹線」「東北新幹線（盛岡市から青森市まで）」「北陸新幹線」「九州新幹線（鹿児島ルート）」「九州新幹線（長崎ルート）」の5つの路線である。

そして、この法律では、新幹線の営業最高速度を時速260km／hに制限したのである。法律は国がつくったもので、従わざるを得ない。全国のJRグループは、いまだにこれを守っているというわけだ。

この法律がつくられた40年以上前は、まさか新幹線が時速300km／hを超えるとは思わなかったのだろう。近年に開業した新幹線が、古い法律に縛られているのは、なんとも本末転倒な話である。

39 北海道新幹線はレールが3本あるってホント？

2016年3月、北海道新幹線の新青森―奥津軽いまべつ―木古内―新函館北斗の区間が開業したが、ここに至るまでには数々の苦労があった。

最大の難関は、本州と北海道の間に海があることだ。津軽海峡を横断できなければ路線は結べない。橋を架けるにはムリがあり、建設中の青函トンネルを利用することになった。在来線用に設計されていた青函トンネルを、新幹線も走行できるよう、計画が変更されたのである。

しかし、在来線と新幹線で路線を共用するには、クリアしなければならない課題があった。しかも、海底トンネルにおいてのことで、さらに、場所は酷寒の地である。難問が山積みしていた。

まずは、線路の問題である。在来線の幅は1067㎜だが、新幹線は1435㎜と広い。そこで「3線軌条」が敷設されることになった。通常のレールは2本だが3線軌条は、在来線の2本のレールの外側に1本追加し、3本のレー

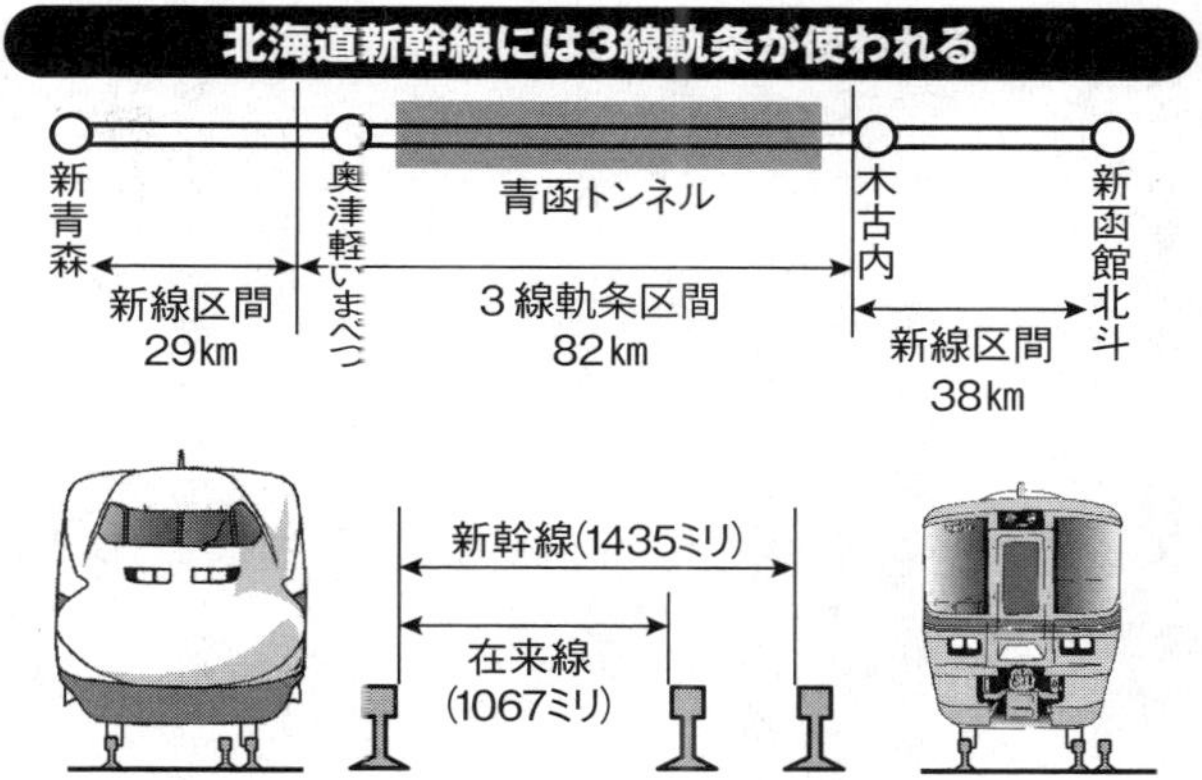

ルが並ぶ（図参照）。在来線は内側を使用し、新幹線は外側を使用するものだ。

次に、運行の問題があった。青函トンネルは「貨物列車の動脈」と呼ばれる。一日50本を超える貨物列車が走り、年間450万トンの貨物が、このトンネルを通る。時速260km／hで走る新幹線と貨物列車が狭いトンネル内ですれ違ったら、その風圧でコンテナが崩れたり、貨物列車が横転する危険性があると指摘されたのだ。

そもそも新幹線は「主な区間を時速200km／h以上の高速で走行できる幹線鉄道」という規定がある（全国新幹線鉄道整備法）。そこで、貨物列車が牽引するコンテナ車を台車ごと新幹線に載せて200km／hで走る「トレイン・オン・トレイン」の構想も検討された。しかし、最終的には、新幹線の速度を140km／hに落として走行することで決着した。

次なる難問は、低気温への対策だ。上越新幹線も豪雪地帯を走るが、そこでは主にスプリンクラーで水をまき、雪を解かす方法がとられている。しかし、北海道はさらに気温が低く、まいた水が凍結する危険性があった。このため、路盤を高くして、その脇に雪を貯める「貯雪式高架橋」や、床を網状にして雪を下に落とす「開床式高架橋」が採用された。

また、分岐器（ポイント）が、雪や氷で切り替わらなくなる危険性もある。そこで「電気融雪器」や、分岐器の下に雪を落下させて溶かす「分岐器融雪ピット」、分岐器の上にドームを構えて雪を避ける「スノーシェルター」など、酷寒地ならではの特別な対策が施されたのである。

この他にも、さまざまな難題があり、それを書いていけばきりがないが、課題を根気強く解決していき、北海道新幹線は晴れて開業したのである。いまは2030年に予定されている新函館北斗―札幌間の開業が待ち遠しい。

北海道新幹線ついに上陸!

豪華な北海道新幹線の「グランクラス」の室内（写真右）

青函トンネルを抜ける北海道新幹線（写真中）

40 秋田発「こまち」の座席が逆向きだったヒミツ

新幹線は、前と後ろに顔（運転席）がついている。終点の駅で折り返し運転になるためだ。先頭の運転席が、折り返すときには最後尾で後ろ向きに走る。

では、座席はどうだろう？　新幹線の座席は、上りも下りも、必ず進行方向を向いている。これは終点の駅で座席の向きを変えているから。清掃員などが人力で動かすものと、スイッチで自動的に逆向きになるものがある。

しかし「新幹線の座席は進行方向を向いている」という〝常識〟が覆された新幹線があった。秋田新幹線である。

秋田から盛岡に向かう上りの「こまち」では、座席が逆向きでセッティングされ、逆向きのまま出発していたのだ。初めて乗る人は、みな一様に驚いたが30～40分後に、ふたたび驚くことになる。最初の停車駅である大曲駅を出ると今度は座席が進行方向を向いているからである。

この不思議な現象の理由は、大曲駅でスイッチバック（方向転換）が行われたから。座席が動いたのではなく、進行方向が変わったために、座席が進行方向に向いたというワケ。

しかしなぜ、スピード重視の新幹線でわざわざスイッチバックを行うのか。

これは秋田新幹線が、在来線に乗り入れたからである。盛岡から秋田までの路線を在来線で考えたとき、最短ルートは、盛岡から大曲までは田沢湖線、大曲から秋田までは奥羽本線という2線を使うことだった。

本来なら、大曲の手前で短絡線を建設し、新たな駅をつくれば、この2線をスムースに結べたのだが、建設費用を縮小するため見送られた。

そして、大曲駅でのスイッチバックが採用されたのである。

なお、盛岡―大曲間の田沢湖線区間では、在来線の狭軌（1067㎜）が新幹線用の標準軌（1435㎜）に広げられたが、大曲―秋田間の奥羽本線区間では在来線用の狭軌と新幹線用の標準軌が単線並列となっている。

ちなみに、秋田駅から座席を後ろ向きのまま出発していたのは、開業当時の話。「逆向きスタート」が不評だったためか、現在は、進行方向に向いた座席で出発し、大曲駅で座席を反対向きに直す方式になっている。

41 北陸新幹線の電源は3回も切り替わるって知ってた？

言うまでもないが、新幹線は電気で動いている。もちろん、電池を搭載しているわけではなく、「き電線」という電力線から架線に電気が流れ、架線からパンタグラフを介して車両に伝わる仕組みだ。

では、そもそもの電力はどこから来るのか？　もちろん、電力会社である。ただし、新幹線は全国を走るため、多数の電力会社から供給を受けることになる。「東京電力」の管轄内ではその電気を、「中部電力」の管轄内を走るときはその電気をというように、電力会社を変えながら走行しているのである。

しかし、ここにたいへん厄介な問題が生じる。電力会社によって電気の周波数が違うからである。日本では昔から、東西で電気の周波数が異なっている。東日本は50Hz《ヘルツ》、西日本は60Hzで、東か西か、どちらか一方を走るなら問題ないのだが、東西をまたいで走る場合、50Hzと60Hzの両方の周波数に対応できる車両が必要になるのだ。

たとえば、東京―新大阪間を走る東海道新幹線も、東西を走る列車だ。静岡の富士川を境に、西側は60Hz区域、東側は50Hz区域となる。しかし、60Hz専用の車両が採用されたのである。当時は、技術的に2種類の電気に対応できなかった。そこで50Hz区域（静岡・富士川より東側）では、周波数を変換する変電所を設け、50Hzの電気を60Hzにして新幹線に供給したのである。そして、東海道新幹線では、いまだにこの変則的な電力供給がなされている。

ちなみに、東北新幹線や上越新幹線は50Hz区域を走るため、車両も50Hz専用になっている。ところが、北陸新幹線は、問題大ありなのである。

北陸新幹線は、東京・埼玉・群馬・長野・新潟・富山・石川と7都県をまたいで走る。その間に、電力会社と周波数がめまぐるしく変わるのだ。

東京・埼玉・群馬➡東京電力（50Hz）、長野➡中部電力（60Hz）、新潟➡東北電力（50Hz）、富山・石川➡北陸電力（60Hz）。この変化に対応するため、北陸新幹線では、車両に「周波数変換装置」が搭載された。東海道新幹線では難しかった装置が技術革新などにより搭載可能となったのである。

ちなみに、乗車中に電源が切り替わることに気づくのは至難のワザである。

42 東海道新幹線で海側の席から富士山が見える奇跡

新幹線に乗車中、「トンネルが多い」と感じることはないだろうか？

以下は、各新幹線の実キロに対するトンネルの割合である。

東海道新幹線（東京―新大阪）　約13％
山陽新幹線（新大阪―博多）　約51％
東北新幹線（東京―新青森）　約35％
九州新幹線（博多―鹿児島中央）　約49％
上越新幹線（大宮―新潟）　約40％
北陸新幹線（高崎―長野）　約51％
　　　　（長野―金沢）　約44％

この数字を見たら、トンネルの多さが

わかるだろう。だが、東海道新幹線だけは、トンネル率が13％と低い。つまり、残りの87％は風景を楽しめるわけだ。東海道新幹線から見る壮大な富士山を楽しみにしている人もいるだろう。

そこで、ちょっと耳寄りな情報。新大阪から東京に向かう上りでは、富士山は進行方向の左側に見える。ところが、一瞬だけ、右側（海側）でも富士山が見える〝ありえない〟場所があるのだ。

名古屋を出て静岡に入ると、在来線の東海道線と平行して走る区間がある。用宗―安部川―静岡のあたりだ。

用宗駅の手前までは新幹線は北東方向に進み、富士山が少し左側に見える。用宗駅のところで線路は左にカーブし、次の安部川駅までは真北方向に進む。この瞬間、富士山が右手前に見えるのだ。時間にして15秒くらいだろうか。

安部川駅を過ぎると、新幹線は右にカーブしながら安部川を越え、ふたたび北東方向に進み、静岡を通過する。

ただし、この〝右富士〟は天気がよいときに限られる。東海道新幹線は東西にまっすぐに延びている印象があるが、細かく見ていくとくねっているのだ。

43 新幹線が「踏切」を通過するってウソでしょ!?

在来線の東海道線には、かつて1100か所を超える踏切があったと言われるが、東海道新幹線には踏切がない。踏切がなければ、踏切の事故は起きようもなく、この点でも新幹線は画期的だったと言えよう。

踏切事故は、年々減っているが、それでも平成26年のデータでは254件の事故があり、176人の死傷者（死者95名）が出ている。

ところで、東海道新幹線で、1か所だけ踏切があるのをご存じだろうか。静岡県浜松市の西伊場第1踏切だ。じつは、この路線は東海道新幹線の本線ではなく「引込線」。車両のメンテナンスを行う浜松工場に行く線路に踏切が設けられているのだ。この引込線内では、新幹線は徐行するため、安全面の問題もクリアし、踏切がつくられることになった。1日に2～3本通過するという。

このように例外はあるものの、基本的に、高速走行する新幹線には踏切がない。だが、多数の踏切がある新幹線もある。

山形新幹線と秋田新幹線だ。このふたつは正式には新幹線ではなく、ミニ新幹線であることは前述した。ミニ新幹線は、在来線を走る特急なので、踏切があってもなんら不思議ではない。山形新幹線には110を超える踏切があり、秋田新幹線にも60近い踏切があった。開業以来、このミニ新幹線の踏切でも、事故がたびたび起きている。

山形新幹線と秋田新幹線は、最高速度が130㎞／hに制限されている。在来線では、列車が急ブレーキをかけてから停止するまでの距離は最大600mという規則があるからだが、この規則があっても事故は起こってしまう。

2013年3月には、山形新幹線の「つばさ」が自動車と踏切内で衝突する事故が起きている。運転手は朝日で遮断機が目に入らず進入し、気づいてバックしたが間に合わず、車から飛び出した。踏切内に自動車が停車していることに気づいた新幹線の運転手が急ブレーキをかけたが間に合わず、衝突。幸い運転手や乗客にケガはなかったが、新幹線に3本の運休が出るなど影響が出た。

山形・秋田新幹線では、開業後も踏切の削減や改良を続けると同時に、踏切通過時の注意を徹底しているが、いまだに事故が起きてしまうのが現状だ。

44 新幹線の運転士さんは操縦をしているのか？

新幹線は「ATC」という信号システムによって動いている。ATCとはAutomatic Train Controlの略で、訳すと「自動列車制御装置」となる。

在来線には線路の脇に信号があり、進行や減速、停止の指示が出されるが、時速200㎞／h以上で走る新幹線では、信号を正確に目視するのは難しい。

そこでATCでは、線路脇の青・黄・赤の色別信号ではなく、各列車の運転台のディスプレイに「許容速度」が表示されることになっている。

「許容速度」は、勾配やカーブなどの線路の状況や先行列車との距離などによっても違ってくる。そして、ATCが指示した速度を超えると、自動的にブレーキがかかり、安全な速度まで減速していく。

つまりATCはたんなる〝信号表示〟ではなく、新幹線を安全に運転するためのコントロールシステムなのだ。

時速270㎞／hで走る新幹線は、ブレーキをかけてから停まるまでに4㎞

以上必要とされる。たとえば数百メートル先に故障で停車中の新幹線があり、運転士がそれに気づいて急ブレーキをかけたとしても間に合わないのだ。このため、ATCのようなシステムが必要になる。

だが、ときとしてこのATCの存在が「運転士は何もしなくていい」との誤解を生むことがある。もちろん、そんなことはなく、基本的には運転士が次の駅までの距離と時間を計算しながら、速度を調節している。

『新幹線を運転する』(早田森・著／メディアファクトリー・刊)という本の中で、「新幹線な上手な運転とは」という質問に、現役の運転士が「ATCに当てない運転」と答えている。これは「ATCの制限速度を一度も超えずに運転する」ということ。速度を超えて自動ブレーキがかかれば、不要な衝撃が生まれて、そのぶん乗り心地が悪くなる。それでは上手な運転とは言えないのだ。

ちなみに、2006年からは「新型ATC」が登場した。速度だけでなく、停止位置までの距離や必要なブレーキ量も指示されるようになり、それまで段階的に速度を落としていったものが、1度のブレーキでスムーズに減速できるようになった。乗り心地もさらに向上し、運行の効率も上がったのである。

45 そもそも新幹線の運転席はどうなっている？

新幹線が「ATC」という信号システムで動いていることは、前述した。運転台の前のパネルには、速度計や圧力計などの計器類の他、運転に必要な情報が表示されるモニターディスプレイが並んでいる。

前方の窓ガラスは平面ガラスで、客室と同様に3枚のガラスを合わせた複層ガラスが使われている(91ページ参照)。強度は、カラスくらいの大きさと硬さのものが当たっても割れない程度で、開発にあたっては、ガラスメーカーで厳しい試験が行われたという。

速度計は、かつては針で示すものだったが、いまでは数字で表示するディスプレイ・タイプになっている。また、速度を表示するディスプレイ以外にも、機器の状態を確認できるモニターディスプレイがある。このディスプレイはタッチパネル式で、信号などの情報を知らせる表示灯としての役割だけでなく、機器の操作スイッチの機能も兼ねている。

N700Aの運転台イメージ

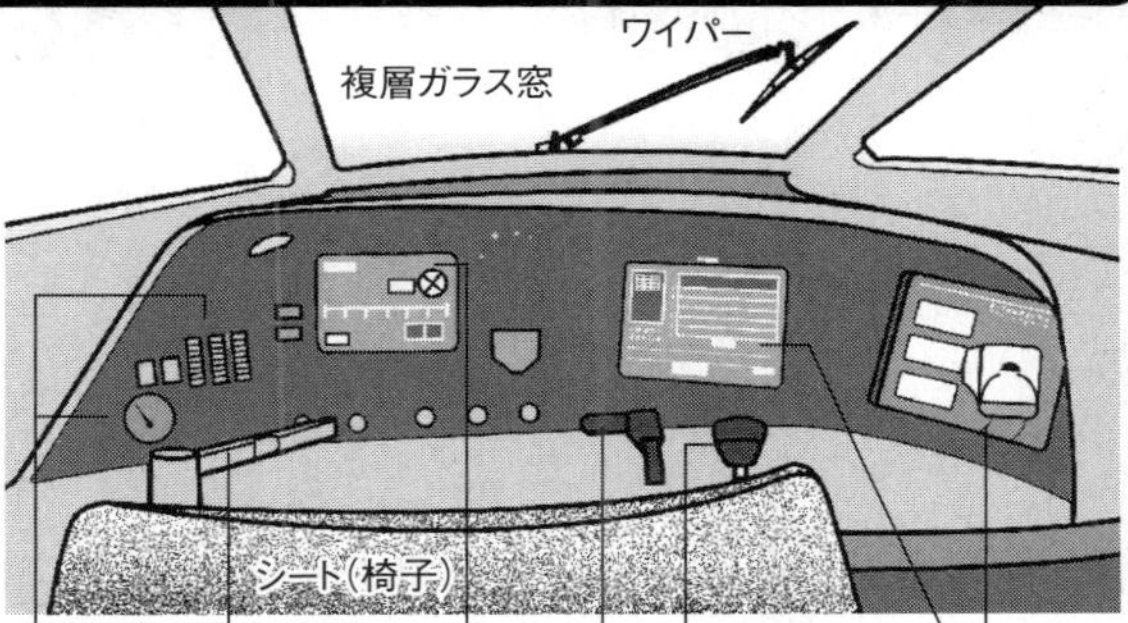

列車内の制御機器をつなぐ情報ネットワークを、電線から光ファイバーを使ったコンピュータ・ネットワークに置き換えたことで、確認用だったモニター装置は、機器への情報伝達をコントロールする装置へと一変したのである。

２０１５年には、東海道新幹線内で焼身自殺があり、これによって火災が発生した。この事故を受け、２０１６年から東海道新幹線のＮ７００Ａ車両では、従来のデッキ部分だけでなく、客室内にも防犯カメラが設けられ、非常ブザーが押されると、その状況が運転台に瞬時に映し出されるため、非常時の素早い対応が期待できる。

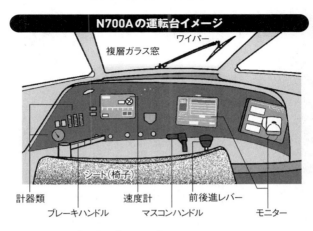

46 新幹線の車掌さんのお仕事ってたいへん？

路線や列車によって多少異なるが、東海道新幹線では、基本的に1人の運転士と3人の車掌が乗務する。言うまでもないが、運転士は新幹線の運転を担当。では、3人の車掌はそれぞれどんな業務を行っているのだろうか。

3人の車掌はそれぞれ「車掌長」「中乗り車掌」「後部車掌」に分かれている。「車掌長」は、その列車の責任者。列車が始発駅を出ると、車内の設備や到着時刻などを車内放送するが、この声の持ち主が、車掌長だ。

「中乗り車掌」は、車内での案内業務を行ったり、また、車両の不具合などトラブルが発生した場合の応急処置なども行う。

上記2名が車掌室に乗務するのに対し、最後尾の車両に乗って、ドアの開閉操作や安全確認を行うのが「後部車掌」。走行中には切符の確認も行っている。

彼らは車掌の資格を取得したあとも、さらなる技量向上のために積極的に訓練や勉強会を行っている。ドアの操作や安全確認などの訓練は本物そっくりのシミュレーターを使用しての訓練。接客についてはケーススタディやロールプレイングなどを行い、サービスの向上に努めている。

実際の乗務においては、列車によって接客の心がけも変わってくるそうだ。たとえば東海道新幹線では、「のぞみ」には新幹線に乗り慣れたビジネスマンが多いため、新聞を読んだり仕事をしている乗客の邪魔にならないよう、気を付けている。

「ひかり」の場合は、「ひかり」と「こだま」のみに乗車できる「フルムーン夫婦グリーンパス」や「JAPAN RAIL PASS」を利用する乗客が多い。前者は外国人向け、後者は夫婦合わせて88歳以上に向けたサービスのため、新幹線に不慣れな場合が少なくない。そこで、そういう乗客に対し、極力丁寧に対応することを心がけているそうだ。

「こだま」については「ひかり」と同様丁寧な対応と、さらに、各駅停車であることから、ドアの開閉操作が頻繁になるため、迅速な業務遂行が必須となる。乗客へのサービスとドア操作の両立。それが、「こだま」に乗務する際の重要な課題となっている。

47 新幹線のダイヤ改正は、なぜ年に1回なのか？

基本的に新幹線のダイヤ改正は、年に1回、毎年3月中旬に行われる。これに合わせるように、在来線のダイヤも変更され、ＪＲグループ全体の大規模なダイヤ改正が発表される。しかし、なぜ、年に1回なのか？

簡単に言ってしまえば、大変だからである。たとえば、東海道新幹線のＮ７００系の一部が改良され、最高速度が２８５㎞／ｈとなったとしよう。東海道新幹線の車両が、すべて同じ性能を持っていればよいのだが、そうではない。７００系など最高時速２７０㎞／ｈの車両も混在している。

さらに、東海道新幹線には「のぞみ」「ひかり」「こだま」という、停車駅が異なる列車がある。しかも、1時間のうちに「のぞみ」10本、「ひかり」2本、「こだま」2本を運行するという過密ダイヤだ。

東京―新大阪間の所要時間もそれぞれ違う。同じＮ７００系で見ても、東京駅6時発の「のぞみ1号」は2時間22分、7時発の「のぞみ２０３号」は2時間33分、7時30分発の「のぞみ11号」は2時間36分と、バラつきがある。

性能も運行条件も違う多数の列車が同じ路線を走っているのだから、途中で待ったり追い抜いたりするのは当然なのだが、この1点をとってみても、ダイヤ改正の難しさがわかるだろう。

そして、東海道新幹線のダイヤを改正すれば、直通運転をしている山陽新幹線、それに続く九州新幹線のダイヤの見直しも必要になる。また、新幹線に接続する特急列車のダイヤも変更しなければならない。

さらに、東北新幹線に至っては、ダイヤ改正の困難さは東海道新幹線以上と言われる。ミニ新幹線を併合し、停車駅のパターンが多く、編成の種類が多いなど、条件が複雑だからだ。

こうした運行の問題だけでなく、乗客の利用状況や列車の稼働率、乗務員の乗車シフトの調整、点検・修理の時間の確保など、さまざまな事情が絡んでくる。ここに新路線の開業や新駅の開設などが加われば、さらに複雑になる。

こうしたさまざまな条件をクリアし、晴れて「ダイヤ改正」が発表されるというわけだ。ファンがそれを待ち望むのも納得である。

48 「ひかり」が「ひかり」に追い抜かれる謎

ダイヤ改正の複雑さについて話したが、そもそも〝改正〟というからには、その不具合を〝改め正す〟意図がある。

かつての話だが、新幹線の運行を巡っては、こんな珍現象もあった。

1975年3月、東海道・山陽新幹線の東京―博多間が全線開通した。東海道新幹線の誕生から11年、満を持しての登場である（東京―岡山間はこれより3年前の1972年に開業）。

計画上、東京―博多間（1174・9㎞）の所要時間は6時間40分を想定していたが、徐行運転区間などもあり、開業当初は6時間56分だった。だが、東京からのアクセスは格段によくなるはずだった。それ以前、東京から博多まで10時間24分もかかっていたことを考えれば、3時間30分近い短縮である。

しかし、不都合が生じたのである。

そもそも山陽新幹線は、東海道新幹線とは違い「全国新幹線整備法」により国からの全面的な支援を受けて建設された路線。法が定めた最高速度は260km／hだったが、開業当初は東海道新幹線と同様の210km／hだった。

当時の列車は「ひかり」と「こだま」の2種類。最速タイプは「ひかり」、各駅停車タイプは「こだま」という、東海道新幹線のパターンが適用された。

山陽新幹線が誕生し、岡山まで開通すると、最速タイプの「ひかり」は、新大阪—岡山間をノンストップで走り、「こだま」は各駅停車となった。続いて、博多まで全線開通してからもこのパターンが踏襲された。このため「ひかり」が停車しない駅へのアクセスは、かえって不便になってしまったのだ。しかもダイヤの構成上、新大阪—岡山間の「こだま」は早朝と深夜だけの運行で、その本数は、上下線でわずか4本だったのである。これでは何のための全線開通かわからない。

そこで考えられたのが「ひかり」を3タイプにすることだった。

①新大阪からのノンストップ型、②一部に停車型、③各駅停車型の3つだ。

そしてこの苦肉の策が、『ひかり』が『ひかり』を追い抜く」という珍現象を生んだのである。

49 新幹線だけしか行けない「在来線の駅」がある謎

「♪線路は続くよどこまでも〜」という歌を、つい口ずさんでしまいたくなる駅がある。山陽新幹線の終点「博多駅」だ。

博多駅で新幹線を降りると、そこが終点であるはずなのに、線路が延びている。じつは、この路線にはれっきとした名前があり「博多南線」という。8・5㎞の路線だが、ちゃんと駅もある。「博多南駅」がそれで、博多駅からは1区間だが、新幹線を使わなければ行けない駅なのだ。

じつは、博多南線は、一般の乗客のためにつくられた路線ではない。もともとは博多駅に到着した山陽新幹線を「博多総合車両所」に回送するための路線だった。しかし、博多総合車両所の地域が福岡市のベッドタウンとして発展して、通勤・通学の足が必要になってきた。当時、この地の交通機関はバスしかなく、マイカーを使っても、都心に出るには1時間ほどかかる。そこで博多南線を活用できないか、という要望が高まり、1990年、単なる回送線だった博多南線は、営業路線として生まれ変わったのである。終着駅には博多南駅ができ、博多―博多南駅間は9分で結ばれている。

くどいようだが、山陽新幹線の終点は博多駅だ。だが、この先の博多南駅までは新幹線の車両が走っている。つまり、新幹線だけしか行けない「在来線の駅」が誕生するという珍現象が生まれたのだ。

この珍現象により、博多南線には、いくつかの〝異例〟が生じている。

まずは線路の幅。在来線の場合、線路は狭軌（1036㎜）なのだが、博多南線は新幹線が走るので標準軌（1435㎜）になっている。

また、新幹線が走るのに、特急列車扱い。もちろん、特急料金も必要で、運賃の他に100円の特急料金がかかる。ただし、全席自由席だ。

さらに、特急列車には、一般的に愛称が付けられるが、この列車にはない。愛称のない特急列車は、JRではこの路線だけである。

もうひとつ面白いのは、この路線の管轄はJR九州ではなく、JR西日本であること。山陽新幹線がJR西日本の管轄なので、その延長で考えられたのだろう。当然、職員もJR西日本の人たちだ。

50 新幹線にもあった「季節限定の臨時駅」の謎

前項では、博多―博多南駅間に走る珍しい〝新幹線〟の例を紹介したが、似たような路線と駅がある。

上越新幹線の「越後湯沢駅」から枝分かれして延びる支線と、その先の「ガーラ湯沢駅」だ。越後湯沢―ガーラ湯沢間は1・8㎞とかなり短い。

この区間は、新幹線車両が在来線に乗り入れるかたちになっているので、車両は「特急列車」扱いだ。在来線区間で、なおかつ距離も短いため、最高速度は70㎞／hに制限されている。ちなみに、この区間の運賃は140円で、他にも在来線の特急料金の100円が必要になる。

「ガーラ湯沢駅」の珍しさは季節限定で、新幹線で唯一の臨時駅であることだろう。ご存じの方も多いと思うが、ガーラ湯沢駅は、冬のスキーシーズンにだけ営業する。駅はまさしくスキー客のためのもので、駅舎自体がスキーセンターとなり、スキー場「ガーラ湯沢」の玄関となっているのだ。ガーラ湯沢駅とスキー場とは、ゴンドラやリフトで直結している。

東京から75分（上越新幹線の起点となる大宮駅から49分）という近さは、スキーファンにはたまらない魅力だが、昨今では「白銀の世界が見たい」という外国人観光客にも人気となっているという。

ちなみに、川端康成の小説『雪国』の冒頭「国境の長いトンネルを抜けるとそこは雪国だった」は、越後湯沢を指すものである。

そもそも、越後湯沢―ガーラ湯沢間には、上越新幹線のメンテナンス基地へ運ぶための引込線があった。そして、この基地の裏山にスキー場建設の計画ができ（ＪＲ東日本、新潟県の湯沢町、塩沢町、中里町が出資）、「それなら越後湯沢からの引込線をスキー場へのアクセスに使ったらどうか」というＪＲ東日本の社員の発案によって、この路線が季節限定で開業したのである。

ガーラ湯沢駅は、在来線の駅であるにもかかわらず、開業以来、基本的に上越新幹線の「たにがわ」や「Ｍａｘたにがわ」が直通運転されていた。しかし北陸新幹線の開業によって、現在は上越新幹線の列車本数が削減され、ガーラ湯沢までの「延長列車」も減っている。

51 新幹線のもとになった「弾丸列車計画」とは？

「新幹線をつくったのは誰？」――。こんな問いに、小学生なら「工場のおじさん」とか「工事のおじさん」と答えるだろう。もちろん、間違いではない。だが、新幹線建設を語るうえでは、次のふたりの人物は欠かせない。

当時、国鉄総裁だった十河信二と、技師長の島秀雄だ。「新幹線の父」と呼ばれるふたりが、初めて新幹線構想をぶち上げたのは、1957年5月のこと。「超特急列車　東京・大阪間3時間運転の可能性」と題した、国鉄技術研究所の創立50周年記念の講演会でのことで、新幹線開業のわずか7年前だ。

新幹線構想はこうして世間に知らされ、本格的にスタートを切るのだが、彼らの構想の基になったのが、戦前の「弾丸列車計画」である。

『鉄道技術発達史』によれば、1938年、鉄道省企画委員会において「東海道・山陽線という主要幹線の輸送力拡充」と「中国大陸にいたる高速鉄道の建設」について検討された。これが「弾丸列車計画」の始まりとされる。

具体的な内容としては、東京から大阪、下関、そして対馬海峡トンネルを経て、朝鮮半島（当時は日本の領土）を経由し、満州（現在の中国東北部）、北京まで直通しようという〝アジア大陸縦貫鉄道〟の壮大な計画である。

所要時間は、東京―大阪間を4時間、東京―下関間を9時間、東京―ソウル間を24時間、東京―北京間を49時間と、想定されていた。

１９４０年１月、この計画案は鉄道会議を経て、帝国議会でも承認された。そして１９５４年までの15年間、鉄道改良費が計上されることが決まったのである。まさに「日本躍進のシンボル」で、世間もこの計画に湧いた。

さっそく地形測量や用地買収が行われ、１９４１年８月からは日本坂トンネルや新丹那トンネルの工事も始まったが、太平洋戦争により、建設は中止された。しかし、このときの準備がのちの新幹線実現に役立ったのである。

「弾丸列車計画」の責任者は、島安次郎。島秀雄の父である。結果的には、父の計画を基に、親子２代の鉄道マンによって新幹線が実現したことになる。

なお、この「弾丸列車計画」は、正式には「広軌新幹線」という名称が使われていた。軍事機密だったため、資料はほとんど残っていない。

52 新幹線のレール幅が１４３５㎜に決まった理由

これまで何度か話してきたように、在来線の線路幅は１０６７㎜の「狭軌」、新幹線は１４３５㎜の「標準軌」とされている。ここでいう在来線とはＪＲの在来線のことで、私鉄などではこれ以外の幅の軌道もある。

ところで、なぜ、新幹線の線路幅は１４３５㎜になったのか？　そしてなぜ在来線より後からできたのに「標準軌」を名乗るのか？

答えは、それが〝世界の標準〟だったから。

ヨーロッパの国々、アメリカ、カナダなどの鉄道が１４３５㎜の幅の線路を使っており、新幹線を建設する際に、日本もそれに倣《なら》ったかたちだ。ちなみに標準軌の発祥はイギリスで、もともとは馬車の車輪の幅だった。前時代の馬車の幅に、最新鋭の列車が合わせているというは、なんとも面白い話である。

新幹線の建設時、日本では独自の軌道を採用する手もあったが、資金が乏しく、国際復興開発銀行（世界銀行）から融資を受けることになった。そして、

線路の幅とさまざまな鉄道

種類	レール幅	採用国	採用線路例
狭軌	1067㎜	日本	JR(在来線)、東武、西武、小田急、東急、相鉄、名鉄、南海、近鉄(一部)など
		海外	台湾(在来線)、インドネシア、フィリピン、ニュージーランド、アフリカの一部の国など
標準軌	1435㎜	日本	JR(新幹線)、京急、京成、阪急、京阪、阪神、近鉄など
		海外	台湾(新幹線)、中国、韓国、オーストラリア、アメリカ、カナダ、ヨーロッパのほとんど
その他(狭軌)	762㎜	日本	近鉄(一部)
	1372㎜		京王、都営(新宿線、荒川線)、東急世田谷線
その他(広軌)	1600㎜	海外	オーストラリアとブラジルの一部、アイルランド
	それ以上		スペイン、ポルトガル(1668㎜)、インド(1676㎜)

審査を通過するには、各国が使う「標準軌」にする必要があったのだ。線路の幅の種類は、主に「狭軌」「標準軌」だが、それ以外のものもある。たとえば、関西の近鉄線では狭軌より幅の狭い７６２㎜の「ナローゲージ」が限定的に使われていたりする。

また、東京でも、京王線や都電荒川線などでは「標準軌」と「狭軌」の中間の１３７２㎜幅の線路が使われている。

海外には、幅の広い「広軌」もある。アルゼンチン、スリランカ、インドでは１６７６㎜の線路が、オーストラリア、アイルランドでは１６００㎜の線路が使われている。

53 「貨物新幹線」の計画はなぜ幻に終わったのか？

新幹線は旅客を乗せて走る列車、と思われている。しかし、東海道新幹線の計画段階では「夜間に貨物輸送を行う」ということが検討され、そのための準備も進められつつあった。

貨物輸送を行うには、貨物の編成をする貨車操車場（ヤード）が必要だったが、その用地もほぼ決まっていたという。さらに、在来線を使って〝試作車〟まで造られたというから、計画はかなり進んでいたのだろう。

しかし「貨物新幹線」は実現しなかった。その最大の原因は、ヤードの用地が最終的に確保できなかったため、と言われている。

1960年代前半、東京―大阪間は〝東海道ベルト地帯〟と言われ、工業優先の地域開発が行われた。日本経済が急成長していた時期である。このため、空いている土地は少なく、大規模なヤード用地がなかったのだ。

さらに、運用上の問題もあった。在来線と新幹線では線路の幅が違うため、

「貨物新幹線」が走っても、そのまま在来線に乗り入れることはできない。つまり、新幹線で運んできた貨物を在来線に積み替えなければならなかったのである。当然、それには手間も時間もかかり、大きなロスが出る。せっかく新幹線を使って貨物を運んでも、メリットは薄い、と考えたのだ。

さらに、安全上の大問題もあった。新幹線の安全は、徹底した線路や施設の保守・点検があってこそ。通常、それは夜間に行われるが、その時間帯に貨物輸送がされれば、保守・点検に支障が出ると危惧された。

こうした諸事情により「貨物新幹線」はお蔵入りとなったのである。

ちなみに、この50年前の「貨物新幹線計画」の遺構が、いまだに残っている。そのひとつは、大阪府摂津市にある線路橋だ。途中で途切れた線路橋は、本来ならヤード用地まで続く予定のものだった。

「googleマップ」などでも、それは確認できる。「大阪府摂津市鳥飼新町」の地名で検索し、空から新幹線をたどっていくと、一瞬線路が切れる部分がある。つくりかけの橋が新幹線の線路の上に築かれているのだ。

54 走行禁止の深夜に、新幹線が走ったヒミツ

新幹線の営業運転は、基本的に朝6時から深夜0時までと決められている。

時刻表（2016年6月号）を見ながら確認してみよう。

早朝の東京駅では、そのときを待っていたかのように、6時00分に「のぞみ1号」と「はやぶさ45号」が発車する。

また、深夜の東京駅には、23時45分に「のぞみ64号」が、23時52分に「とき48号」が到着する。

深夜0時のギリギリ直前まで営業しているのは「つばめ358号」で、鹿児島中央駅を23時47分に発車し、次の川内駅には23時59分に到着する。

もちろん、何事にも例外はつきものだ。事故や災害など、特別の事情で運行が遅れた場合は、深夜0時を超えて走行してもよいことになっている。

また、回送列車も、営業時間以外の深夜に走行が許されている。

だが、こうした例外的なものではなく、新幹線がわざわざ深夜に乗客を集め、

営業運転したことが3回ほどある。

1回目は、1970年の大阪万博のときだ。万博の見物を終えて帰る乗客の便宜を図ったもので、新大阪を21時10分に出発し、東京には午前0時20分に到着する便が運行された。

2回目は1973年、正月の帰省客に配慮した年末運行である。東京発・新大阪行の「ひかり326号」は、午前0時05分に新大阪に到着する便だった。

3回目は、2002年6月、日韓共同開催のサッカーワールドカップのときだ。観戦客のために、東海道新幹線と上越新幹線で運行された。

東海道新幹線は、6月11日の深夜、静岡スタジアム・エコパで行われたカメルーン対ドイツ戦の後、掛川発の上下線が動いた。

また、上越新幹線も、6月16日の深夜、新潟スタジアムで行われたデンマーク対イングランド戦の乗客のために、新潟発・東京行が運行されている。

余談だが、時刻表を見ていて、早朝5時台に動いている〝新幹線〟を発見！新幹線の運転は6時からなので「これは違法営業か」と思いきや、よくよく考えれば、山形新幹線は在来線特急なので問題なしなのであった。

その7

新幹線で乗り心地のいいのは何両目？

真ん中の車両がオススメ。先頭車両は風を切って走るため、やはり衝撃がある。対向車両とのすれ違い時やトンネルに入るときにも多少の揺れが生じる。最後尾も、風が抜ける際に衝撃が起きる。よって16両編成なら、8・9両目、しかも台車の揺れの影響が少ない中央の通路側が「揺れない」という意味において、もっとも乗り心地がよいといえるだろう。

その8

新幹線の運転手さんがトイレにいきたくなったら？

ひたすらガマン。こう書くと身も蓋もないが、そうならないように、ふだんからの生活で節制を心がけている。航空機などは、操縦士がふたりいるが、新幹線の運転士はひとりだ。食事、水分摂取などには十分に気を配っている。基本的に新幹線の運転士は2 ～ 3時間で交代となるので、じつはガマンしている人もいるかもしれない。それでも生理現象なので、万が一のこともある。そんなときは、運転士の資格を持つ人との交代や、停車駅でトイレに行く（もちろん総合指令所に連絡してから）。列車の運行は遅れてしまうが、これまでトイレによる遅れはないというから、さすがだ。

PART 5

知られざるメカニズムとは?

世界イチ安全で快適な「車両」の謎

55 新幹線の鼻がどんどん伸びてきた謎

「新幹線の鼻が丸くなった謎」については3章で説明した。そして、その丸い鼻が、じょじょに長くなっていることはご存じの通りだろう。

ちなみに「新幹線の鼻先の長さ」は次のように変遷している。

・0系	1964年	3・9m
・100系	1985年	4・8m
・300系	1992年	6m
・500系	1997年	15m
・700系	1999年	9・2m
・800系	2004年	9・2m
・N700系	2007年	10・7m

・200系	1982年	3・9m
・E1系	1994年	9・4m
・E2系	1997年	9・1m
・E4系	1997年	11・5m
・E3系	1997年	6m
・E6系	2013年	13m
・E5系	2011年	15m

『[図解]鉄道の技術』秋山芳弘（PHP研究所）より

200系（写真手前）とE4系（写真奥）

５００系の鼻先の長さは０系の約４倍だ。そして鼻が長くなった結果、空気抵抗は少なくなり、列車の走行を邪魔する力も弱まった。時速２００㎞／ｈ走行時での計算だが、３００系は０系の約56％に、５００系は０系の約43％に減ったのである。

また、空気抵抗が減ったことで、省エネも実現した。３００系との比較になるが、時速２７０㎞／ｈでの走行時に、７００系は92％（８％減）、Ｎ７００系は75％（25％減）となった。

鼻が伸び、とがったことで、空気抵抗は少なくなり、地球にもやさしい新幹線になったのである。

56 新幹線のハンドルが左右逆になっているワケは？

自動車は、ハンドルを回して車体の方向を変え、アクセルを踏んで進み、ブレーキで停める。

では、電車の場合はどうか？　列車は線路の上を走るので、方向性を操るハンドルは必要ない。よってアクセルとブレーキの操作となる。

一般的に、電車では、右手でブレーキを、左手でアクセルを操作する。

電車の場合は、アクセルではなく「マスコン（マスターコントローラー）」と言うが、新幹線では、ブレーキとマスコンの位置が、左右逆なのだ。つまり右手で「マスコンハンドル」を、左手で「ブレーキハンドル」を操作する。

新幹線のハンドルはレバー式になっていて、運転台には、3つのレバーが並んでいる。左側にあるのが「ブレーキハンドル」、中央にあるのが「マスコンハンドル」だ。

右側には小さいレバーがあるが、これは「レバーサー」と呼ばれ、進行方向を前後に切り替えるためのものだ。たとえば、東京―新大阪間を走る東海道新幹線では、終点の新大阪で折り返し運転となり、進行方向が逆になる。このときにレバーサーが必要なのだ。

ところで、新幹線のハンドルは、なぜ一般の列車と左右が逆なのか？

簡単に言えば、ブレーキよりマスコンを動かすほうが多いから。利き腕の右手でマスコンを操作できるよう、右側に配置されたのである。

もちろん、新幹線がブレーキをおろそかにしているわけではない。だが、在来線に比べて停車駅が少なく、圧倒的にマスコンの操作が重要になる。新幹線は定刻運転が基本で、許される誤差は最大15秒とも言われる。また、高速走行の新幹線では、ブレーキはできるだけ使わないほうがよい。マスコンを巧みに使い、スムーズな加・減速により、時間通りに運行することが求められる。

マスコンのレベルは0～13までの14段階あり、手前に引くほど動力が強まり、速度が上がる。いっぽう、ブレーキは0～7までの8段階で、奥に押すほど強まる。マスコンとブレーキを同時に作動させることはなく、ブレーキをかけるときはマスコンのレベルを0に戻すという。

57 新幹線の「車体傾斜システム」って何？

新幹線が高速でカーブを曲がれるのは、線路の内側と外側に高低差（カント）があるからだと74ページで紹介した。カーブの外側が高くなっているため、車体が少し傾いて、スムーズに曲がりやすくなっているのである。

新幹線の最高速度を上げ、目的地までの所要時間を短縮するには、カーブでの減速を少なくする必要がある。

日本の鉄道にはカーブが多く、中でも初期につくられた東海道新幹線は、急なカーブが多い。このため、山陽新幹線が時速300㎞／hで走行しているのに、270㎞／h止まりだった。能力的には出せるのに、路線的に出せないというジレンマがあったのだ。

ところが、N700系から新たなシステムが加わり、東海道新幹線では、時速285㎞／hが実現した。「車体傾斜システム」のおかげである。車体の台車に空気バネが設置されていて、カーブを曲がるときに、車体の片側が上がる

車体傾斜システムとは

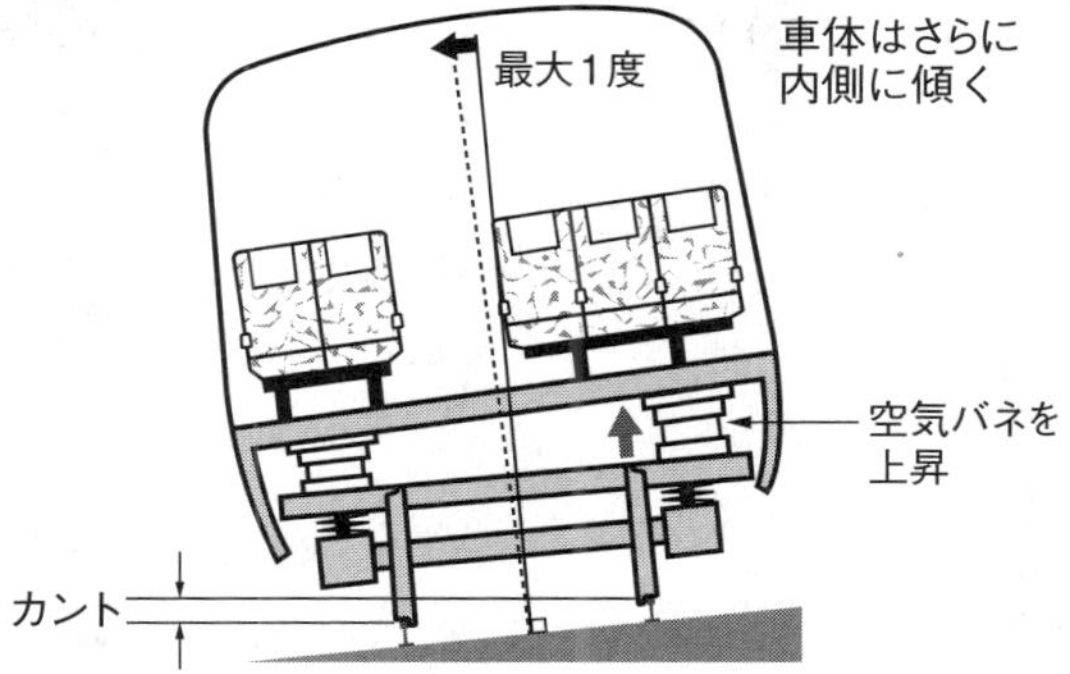

仕組みになっている（上図参照）。

この車体傾斜システムにより、車体は最大1度傾くことになった。

カント（線路の左右の高低差）に加えて、さらに1度傾斜することで、カーブでの減速が減ったのである。

「車体傾斜システム」は運転席で操作するものではなく、記録された線路データをもとに自動的に行われる。

これによって、車体の揺れも少なくなった。カーブ前後での減速と加速が減ったことで、さらなる安定性が加わったのである。

現在は、E5系やE6系の車両にも、このシステムが採用されている。

58 新幹線の車体は、走行中にふくらんでいる？

開業時、東海道新幹線の車体は鋼製だった。高速で走る新幹線の車両には、頑丈さが求められたためだが、その強靭なボディが、じつは伸び縮みをしている、と言ったら驚くだろうか。

新幹線の車体は完璧ともいえる気密構造になっている。時速３００km／hで走っていても、快適に車内でくつろげるのは、この気密構造のおかげだ。

たとえば、電車がトンネルに入った際に耳がツーンとした経験のある人も多いだろうが、新幹線ではこの現象が起こりにくい。トンネル進入時には車体の換気装置の弁が閉められ、車内の気密性が保たれているからだ。

しかし、トンネル内では同時に、「新幹線の膨張」という、信じられない出来事が起こっているのである。

新幹線が高速でトンネルに突入すると、車体の周りの気圧が変動し、車外の気圧よりも車内の気圧のほうが高くなる。この「気圧差」によって、車内の空気が膨張するため、必然的に車体もふくらんでしまうというわけだ。

登山をしたときに、ポテトチップスの袋がふくらむのと同様の現象だ。山の上は気圧が低く、密封された袋内の空気が膨張するからである。

じっさい、初期の0系や100系などでは、座ったときに、座席と壁の間が広がったり狭まったりという「伸縮」が体感できた。

ただし、300系以降では、車体全体をより強度の高い構造にしたため、こうした伸縮は体感しにくくなっている。

これと似た現象は飛行機にも起こっていて、ジャンボジェット機なども、機体の内外の気圧差により、膨張と収縮をくり返している。また、こうした機体へのストレスが「金属疲労」となり、航空機事故の一因にもなっている。

飛行機ほどではないにしろ、新幹線の車体にも大きなストレスがかかっている。たとえば、新幹線同士がすれ違うときの大きな衝撃もそのひとつだ。トンネル内でのすれ違いは、さらに衝撃がすさまじく、車体にかかる負担は、想像以上に大きい。新幹線には走行距離に応じて厳重な整備が義務付けられているが、それは車体にかかるストレスを考慮してのことなのである。

59 速度アップを可能にした車体のヒミツ

新幹線には強靭なボディが求められるが、その構造はどうなっているのか？

２００系までの車体では、まずは骨組みがつくられた。床部分は、太めの梁《はり》で四辺をつくり、その内側は縦と横の梁で補強され、床を張るための梁がつけられる。左右の壁は、柱と梁で枠組みがつくられ、内側も梁で補強される。前後の壁も同じような構造だ。屋根は、桁《けた》と垂木《たるき》が組み合わさり、骨組みができあがる。簡単に言えば、鳥かご状の骨組みに鉄板を張って、床、前後左右の壁、天井がつくられる、というものだ。

しかし、３００系からは大きな発想の転換がなされた。「柱と梁で枠組みをつくる」という基本構造をやめたのである。

柱はループ状に車体を巻くように設けられようになり、梁はどこにもない。その代わりに、車体の前後方向には、細い「ストリンガー」と呼ばれる〝小骨〟が通るようになった。このような柱とストリンガーが、アルミ合金の外板

初期の新幹線のボディ構造

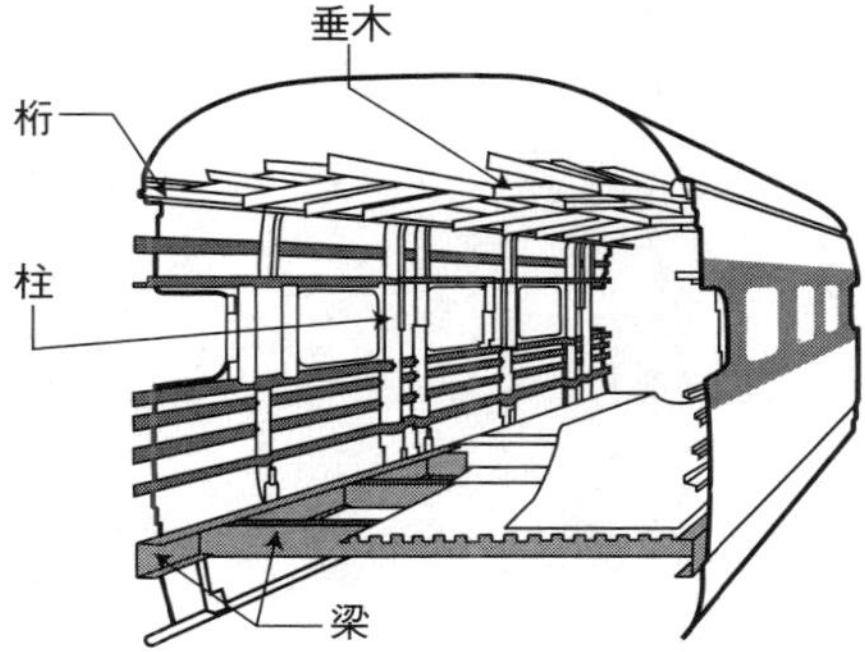

300系からの新幹線のボディ構造

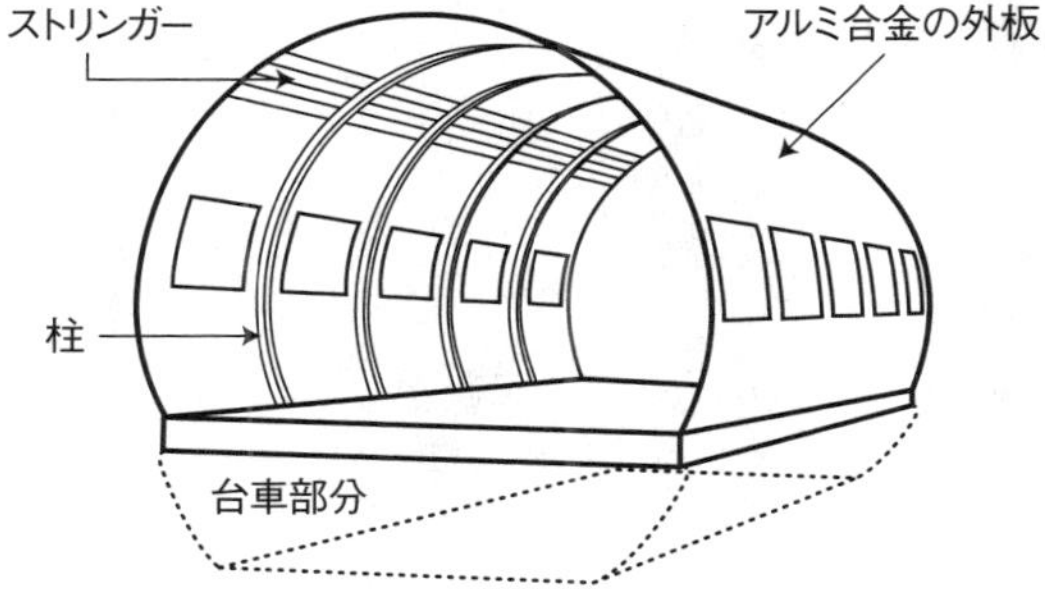

柱、ストリンガー、外板が一体になった「骨付きの皮」

と一体となっている。まさに「車体の筒」のような構造だ。この車体の筒は、9500トンという巨大なプレス機を使って押し出されてくる。

それまでの車体が、柱という骨に「スチール」や「アルミ合金」の板という皮を張ってつくっていたのに対し、300系からは「骨のついた皮」で車体を覆っているという感じなのだ。

ただし、アルミの車体はスチールより強度が落ちるため、横方向の強度を補強する必要があった。そこで、アルミ合金の横断材を、座席の間隔と同じ104cmごとに車体に張ったのである。窓は、横断材と横断材の間の〝皮〟を切り抜くようにつくられている。

700系から本格的に使用されたアルミ合金製の車体は、さらに一歩進んだものだ。屋根、床、左右の壁板など、構成する素材がすべて一体化され、巨大なプレス機で押し出されるようにして出来てくる。

窓や乗降口は溶接する前に機械加工によって素材が切り抜かれ、床下機器や内装材を取り付けるための溝も、あらかじめ素材に加工されるようになった。これにより作業の手間もコストも大幅に削減されるようになったのである。

60 新幹線の顔は職人の手作りってホント？

新幹線の車両は、巨大なプレス機で押し出されるようにつくられる、という話を前項で紹介した。では、新幹線を象徴する〝顔〟の部分はどうだろう？じつは、意外にも手づくりなのである。熟練の技能者がハンマーで金属板を叩きながら、あの独特の〝顔〟に仕上げていくのだ。

この技能を持っているのが山口県にある山下工業所。初代新幹線の0系から始まって50年以上、その技術が受け継がれてきた。

ハンマーで金属の板を叩いて成形する技術を「打ち出し板金」という。ハンマーを下ろす位置と微妙な力加減を、研ぎ澄まされた感覚でコントロールしながら〝顔〟をつくりあげていくのだ。

打ち出し板金は、専用の金型や大型の機械設備も不要なため、コストも抑えられる。技術の習得には長い年月がかかるというが、匠の技が生かされていることも、新幹線が「日本の技術の結晶」と言われるゆえんなのである。

61 新幹線の乗降口はなぜ車両の端なのか？

乗降口の位置や数をどうするか？　これは新幹線にとって極めて重要な問題。乗り降りのしやすさだけでなく、車体の強度や重さ、乗り心地など、さまざまなことを考慮したうえで、乗降口が決められている。

新幹線は、車体が2台の台車に支えられる構造になっており、車体の「どこに」「いくつ」開口部を設けるかで、強度と重さが変わってくる。ましてや、柱も梁も外板も一体化した形材を使用しているアルミ合金の車両では、開口部によって、走行の安全性や快適性が大きく左右されるのだ。

たしかに新幹線のドアは数が少なく、車両の端にあるため乗り降りは不便だが、駅数も少ないため、乗降のしやすさより乗り心地を優先したワケだ。

多くの新幹線のドアは、0系の〝標準〟が受け継がれ、各車両の前後2か所に700㎜の幅で設けられている。オール2階建てのE1系は座席数を増やしたが、幅1000㎜と幅広の乗降口が設けられ、E4系に受け継がれている。

62 新幹線が急勾配を乗り越えられた謎

新幹線の高速化は、車両の性能だけでは実現できない。むしろ、路線の状態によるところが大きい。カーブの大きさ、レールの幅、勾配などである。

カーブの大きさについては、半径の大きいカーブのほうが曲がりやすいことは言うまでもない。

レールの幅も、広いほうが車体の安定に有利なことは当然だろう。前述したが、在来線の1067㎜に対し、新幹線の線路幅は1435㎜となっている。

勾配とは、路線の傾斜のことだが、「急勾配をどう乗り切るか」というのも、新幹線にとって大きな問題である。

新幹線の中で、もっとも勾配が急な区間は、北陸新幹線の高崎―軽井沢間。碓《う》氷《すい》峠《とうげ》で有名なところだ。この区間の最大勾配は30‰（パーミルと読む）。

「パーミル」とは聞き慣れない単位だろうが、これは勾配値を表すもので、1‰勾配は1000mにつき1mの標高差がつく傾斜のこと。つまり、30‰の勾配では、列車は1000m進みながら30m上ることになる。

基本的に、東海道新幹線の場合は20‰以内、その他の新幹線の場合は15‰以内で建設されている。30‰は基準の2倍に相当するのだが、この区間には軽井沢駅があり、多くの観光客が訪れるために、急勾配があるからといって避けて通るわけにはいかなかった。そのため、そこだけ例外としたのだ。

では、30‰という急勾配を、どう克服したのか？　対策はふたつあった。

ひとつは車両の軽量化。まだ長野新幹線だった当時、この路線を走ったE2系は、価格の安い鋼鉄製ではなく、アルミ合金製を採用。軸重（車軸にかかる重さ）は200系の約16トンに対し、約13トンと軽くなった。また、車体の高さも3・7mまで低くした（200系に対し30㎝減）。

もうひとつはブレーキ制御だ。急勾配を下るためには、自動車のエンジンブレーキのような走行しながら減速していくような仕組みが必要で、E2系には電気回生ブレーキが搭載されたのである（79ページ参照）。これは列車を動かすモーターを発電機としても利用するもので、車軸への抵抗力によって速度を弱め、発電もできるという一石二鳥のブレーキなのだ。

63 新幹線が大地震のときに無事だったのは？

「地震大国」と言われる日本。新幹線に乗車中「このスピードで走っていて、もし地震が来たら？」と、ふと不安を覚えたことのある人もいるだろう。

じっさい、2016年4月14日の熊本地震では、走行中だった6両編成の全車が脱線。幸い回送中の列車で乗客はなく、乗務員にもケガはなかった。この他にも、新幹線は3度の大地震を経験した。

1995年1月の阪神・淡路大震災、2004年10月の新潟県中越地震、2011年3月の東日本大震災だ。

マグニチュード6・8の新潟県中越地震では、震源近くを時速200㎞／hで走行中の上越新幹線が脱線。ATCの非常ブレーキが作動して減速できたことと、線路の排雪溝に助けられたことで転覆を免れ、幸いにも死者・負傷者は出なかった。だが、これが契機となり、地震対策は強化された。

阪神・淡路大震災では、早朝で始発電車が走る前だったため車両への被害はなかったが、高架橋が倒壊するなどの大きな被害が出た。

東日本大震災でも、やはり電柱や高架橋の損傷など、路線には大規模な被害が出たが、営業運転していた列車は非常ブレーキによって停車したため無事だった（試運転をしていた列車が脱線した）。

大惨事を免れたのには、いくつかの幸運が重なったという見方もあるが、それも新幹線の技術があってこそ、と言えるだろう。

じっさい、新潟中越地震と東日本大震災では、「非常ブレーキが作動」して車両が減速し、無事に停止している。これは新幹線の「早期地震検知システム」の働きによるものだ。

高速走行の新幹線を大地震から守るには「脱線防止」が要となる。その対策として、ふたつの大きな柱が施されている。

「早期地震検知システム」と「脱線防止装置」である。

早期地震検知システムは、地震が起きた際、体が揺れに気づく前に、地震を検知してATCに停止信号が送られ、非常ブレーキが作動するという仕組みになっている。

64 揺れる前に新幹線が地震を検知できるヒミツ

早期地震検知システムには「ユレダス（UrEDAS）」というシステムが採用されている。地震のときには大きな震動（S波＝横波）が来る前に、微細な震動（P波＝縦波）が起こるが、ユレダスは、この微振動を検知するのである。

新幹線の沿線には、P波を捉える検知点が多数設置されている。そして、ユレダスがP波を捉えると、その波形から地震の大きさが瞬時に割り出される。

そしてユレダスが「大地震だ！」と判断した場合は、変電所や総合指令所などに警報が伝えられる。検知から警報発令までは3秒ほどだが、警報が出ると変電所は架線への送電を止め、非常ブレーキが作動する、という仕組みだ。

大きな揺れのS波が来るのは、たいていこの後で、新幹線はすでに減速しているため、被害を抑えることができるというわけだ。

現在は、P波検知から1秒後に警報が出されるように改良され、東海道新幹線では「テラス（TERRA-S）」という新たなシステムが導入されている。

65 新幹線の脱線と逸脱を防ぐ仕組みは?

前述したような「早期検知システム」があっても、じっさいに先の熊本大地震では、直下型地震だったために検知が遅れ、脱線したという事実がある。

そこで、新幹線では、脱線を食い止める技術も同時に追求されてきた。

それが「脱線防止装置」である。この装置には、いくつかの対策や種類があるので、主なものを紹介しておこう。

JR東日本では、車両の台車に「L字型の金具」をつけて、万が一脱線しても、車輪が大きく線路から逸脱しないようにしている。

いっぽうJR東海では、「脱線防止ガード」を線路の内側に設置している。

ただし、これには莫大な費用と時間がかかるため、まだ未設置のところが多い。

さらに、車両の中央(左右の車輪の真ん中)に逸脱防止ストッパーを取り付け、脱線しても車輪が大きく逸脱するのを防ぐ仕掛けも施している。

新幹線はこのように何重もの対策をとりながら、地震列島を走っているのだ。

新幹線の早期検知システム

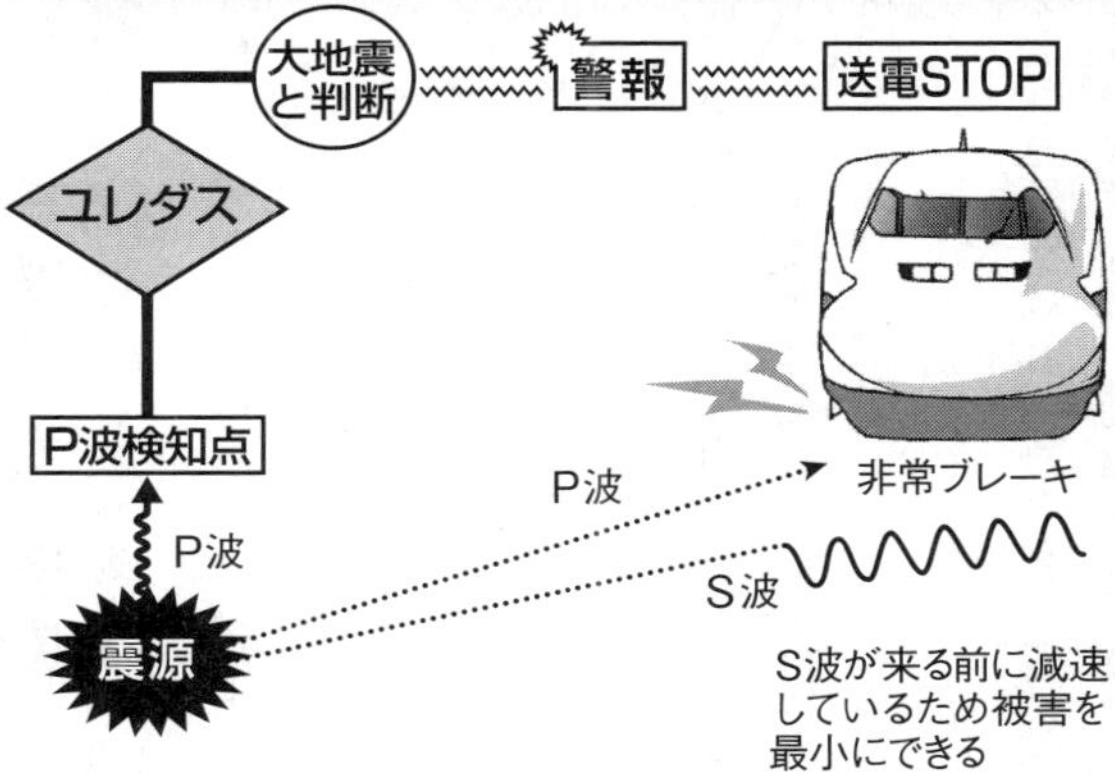

新幹線の脱線・逸脱を防ぐ仕組み

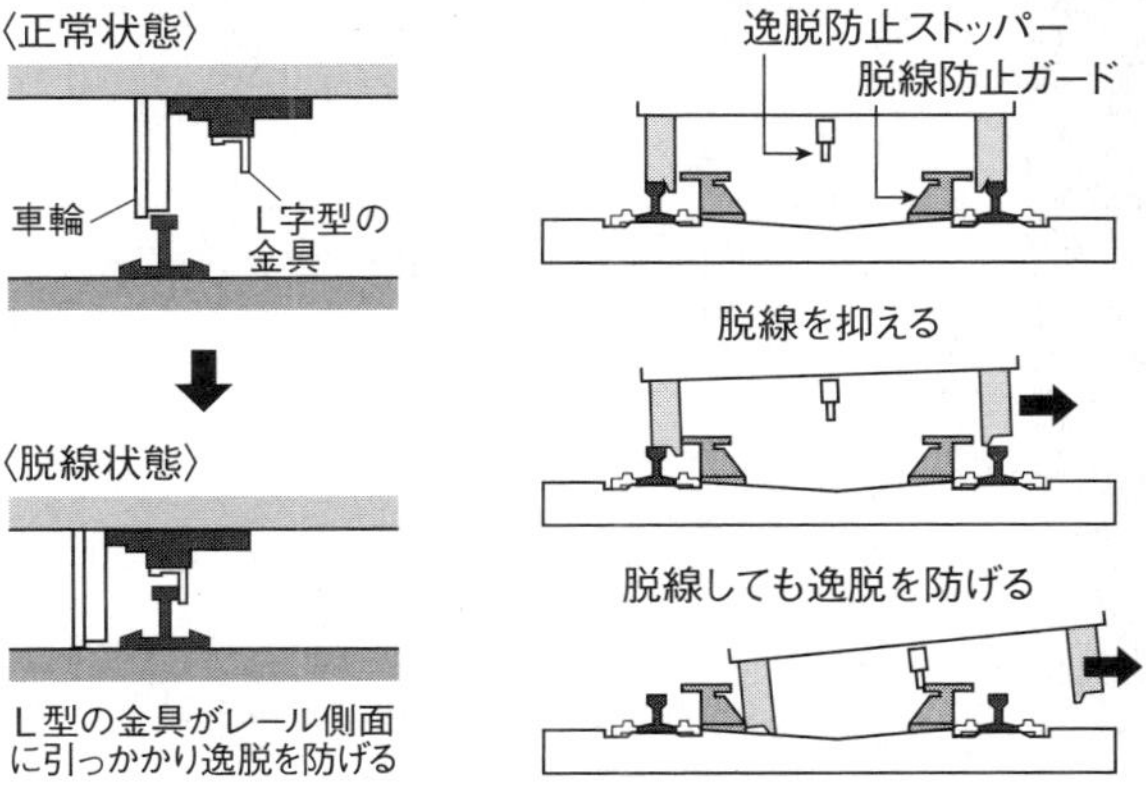

66 新幹線の事故がほとんど起きない理由

２０１５年、東海道新幹線の車内で起きた焼身自殺により、開業以来50年間続いていた〝車内の死亡事故ゼロ〟が途絶えてしまった。想定外の事故ではあるが、そもそも事故には「思いがけず起きた悪い出来事」の意味がある。新幹線の事故が極めて少ないのは〝まさかの事態〟に対して、事前に対応できるような仕組みが採られているからなのだ。

人間がやることにはミスはつきもの――。そこで新幹線では「人為的ミス」を極力減らすような仕掛けが施されている。そのいくつかを紹介しよう。

1・ブレーキが作動しなかったら…

新幹線の車両のブレーキは、指令が来ると同時に「立ち上がり検知」が行われて、立ち上がらないときには、別の系統の非常ブレーキが作動する。

2・連結器が壊れ、たとえば真ん中の8両目で切り離されたら…

新幹線の車両は、先頭から最後尾まで電線が引かれ、つねに電流が流れている。このため、車両が切り離されると電線が切れ、電流の流れが停まる。電源を失った9両目以降の車両は自動的に非常ブレーキが作動して停止する。もちろん、運転室にも警報として知らされ、前方の車両にもブレーキがかかる。

3・車輪が割れたり、摩耗しての脱線は…

車輪は約8トンと重いが、直径を860㎜以上と大きくしているため、レールに接触する面の負担は軽くなっており、車輪が割れる事故は起きていない。しかし、車軸は金属疲労を起こす可能性がある。そこで走行距離や期間ごとに行われる検査でチェックされ、小さな異変も見落とさない体制が整っている。

また、車軸を支える軸受の故障に対しては、軸箱に温度センサーが付けられ、軸受けと車軸の摩擦熱を感知するようになっている。温度が上がれば運転室に警報が鳴り、列車を停めることとなる。だが、それ以前に、異常は定期検査で発見されるため、このような非常事態は起きていない。

4・台車の下にある機器や部品が脱落する…

機器を台車などに取りつけるボルトは、強度を確認したうえで、ダブルナットや割りピン、針金などでゆるまないように補強している。もちろん定期検査でも入念にチェックするが、人為的な見落としをなくすためには、個々人の集中力が要求される。

5・レールの破損は…

レールの破損は、ATCや軌道回路で検知できるが、レール破損には至っていない線路の陥落を見つける方法はなく、事前の調査で陥落しやすい箇所を見つけるしかない（〝神ワザ〟とも言える線路保守の眼力については、178ページを参照）。ちなみに、炭鉱地帯を走る新幹線では、開業の1年間は、危険地帯を徐行運転したことがあった。

6・線路の外からの守りは…

新幹線の線路は、周囲を高い柵で囲んでいる。また、立体交差する道路にも防護柵が設置してある。だが、それでも線路内への投身自殺や、物が投げ込まれることがある。そこで線路には、落下物検知装置が付けられ、落下物を検知したときには、列車に停止信号が発せられ、非常ブレーキがかかる。

ここに挙げたのは一例だが、このようにきめ細かい安全対策が功を奏し、新幹線の安全神話が維持されているのである。

67 新幹線の安全を守る車両検査のヒミツ

新幹線にはきめ細やかな安全対策が施されていることは前述したが、「車両検査」について、もう少し補足説明をしておきたい。

ひと口に車両検査と言っても、その内容はさまざまだ。

2～6日ごとに、台車やパンタグラフ、ブレーキ装置などを点検・補修・交換する「仕業《しぎょう》検査」。1～3か月ごとに、車両を運用からはずしてより詳細に機器類の状態・動作確認と消耗品の交換などを行う「交番検査」。およそ3年ごとに、ブレーキ装置などの主要な部分を解体して行う「重要部検査」。そして、車両から台車や床下の機器類、内装品を取り外して隅々まで検査・修繕を行う「全般検査」などがある。

前回の全般検査から走行距離が120万キロ以内または、36か月を経過するまでのいずれか短い期間で行われ、およそ15日かけて限りなく100％に近い状態にまでもっていくことを目的としている。

68 新幹線の故障率はフランスの100分の1ってホント？

新幹線の車両故障の発生率は「100万車両キロあたり0・01件」だ。

これは車両の数と走った距離をかけた単位で、100万車両とは、1万km走った車両が100両ということ。つまり、100万km走った車両が100両あったとして、そのうちの1台になんらかの故障が出るという低確率なのだ。

これに対し、フランスの高速鉄道TGVは0・8件。単純に考えれば、新幹線の故障率はTGVの80分の1となる。

さらに、日本では10分以上の遅延を起こした車両を「故障」としているのに対し、フランスでは15分以上の遅延車両が故障とされる。こうしたことも含めて考えると「日本の新幹線の故障率はフランスの100分の1」となる。

では、なぜ日本の新幹線は故障しないのか？　もちろん、前述したような点検と補修がしっかりなされていることは大きな理由のひとつだ。だが、そもそもの設計思想にも、故障しない秘密がある。

ひとつは「ゆとりある設計」だ。たとえば、初期の0系の車両にも、16両編成の16両すべてにモーターがついていた。そして4両のモーターが故障しても、運行時間には影響しないように、ゆとりあるパワーの設定がなされていた。

ふたつ目は「ひとつの機器の故障が他に波及しないように工夫されている」ことだ。たとえば、動力機器や補助電源には保護装置がついていて、故障が起きると遮断機が作動し、ラインから切り離される。

また、パンタグラフの故障は架線を切る危険があるため、何かあればパンタグラフが破損するように華奢な構造になっている。500系では、架線への異常な接触があった場合は、すぐに後方に倒れる仕組みが採用されている。

3つ目は「信頼できる機器や部品を使っている」ことだ。厳しい耐久試験を経て、品質に太鼓判が押せると確認できたものだけを使用している。万が一故障があれば、必ず原因を探し、その予防策と改善策を徹底的に考える。そして緊急な対応が必要と判断された場合は、ただちに交換あるいは改修を行い、他の車両の同じ部品の一斉点検も実施している。急がないものは、次の定期点検のときに新しいものに交換されるのである。

69 新幹線の車両内で死亡事故が起きたのは？

くり返しになり恐縮だが、開業以来50年、車内での死亡事故はなかった新幹線で、ついにふたりの死者が出た。２０１５年6月30日のことだ。ひとりの男性が車内で焼身自殺を図ったのである。ポリタンクに入れられたガソリンを周囲にまき散らし、自らもそれをかぶると、男はライターで火をつけた。そして、逃げ遅れた女性の乗客が巻き添えになった。気道熱傷による窒息死だった。

列車は東海道新幹線で、新横浜—小田原間を走行中のことだった。男は1号車の最前列付近で焼身自殺を図ったが、その直前、他の乗客に対し、後ろの車両に逃げるように伝えている。犠牲になって死亡した女性の他にも26名の乗客と、2名の乗務員が煙を吸うなどして、重軽傷を負った。列車は、緊急停止し、火は運転士が消化器で消し止めた。

以上が、事故の概要である。この事故では、新幹線側に問題があったわけではないが、多くの教訓と課題を残すことになった。

車内の構造では、新幹線の高い気密性が仇《あだ》になったとも言える。窓が開かない新幹線では、煙はすぐに充満してしまう。だからといって、こうした「まさかの事態」のために、気密性を低下させるわけにもいかないだろう。また、シートなどには燃えにくい素材が使われていたが、ガソリンをまかれたらひとたまりもない。

だとしたら、セキュリティチェックによって〝事件〟を未然に防ぐことも検討しなければならないが、それも徹底すれば、利便性が損なわれる。

たとえば、飛行機のように乗客全員に手荷物検査を行うことなどは、実質的に不可能だろう。この事故の後、ＪＲ東海とＪＲ西日本では、客室内に防犯カメラを新設し、常時撮影すると発表したが、これで未然に防げるわけではない。ガソリンや灯油など、可燃性の〝危険物〟の持ち込みは禁止されるべきだろうが、これをチェックする手立てはない。

「想定外」のことが起こるのが事故であり、１００％の阻止はできないのだろうが、「新幹線の安全神話」を継続するためにも、新たな知恵が待たれる。

70 線路を守る整備員さんのスゴさとは?

どんなに念入りに車両を点検・補修していても、走る土台となる線路に不具合があったら元も子もない。

たとえば東海道新幹線では、全515㎞の線路において、1日に平均1000人ほどの作業員が、夜間に保線作業を行っている。雪が降れば線路に積もった雪を払ったり、ゆがんだレールや架線を交換したり。

こうした巡回、点検、補修工事を行うのは、列車が走らない深夜0時から5時ぐらいまでの間。この短い時間で、作業員はてきぱきと作業を行っていく。

たとえばレール交換なら、古いレールのゆがんだ部分を切断して取り除き、この古いレールに合わせて新しいレールを切断。そしてレールを入れ替えたら溶接してつなぎ合わせ、枕木に固定する。

ここで気を付けなければいけないのが、左右のレールの間隔だ。新幹線の場合、左右の間隔は1435㎜。その数字からプラスマイナス2㎜が基準値となっていて、これ以下でもこれ以上でもNG。きっちり計測、微調整を行い、線路の交換作業は終了となる。が、まだまだ仕事は終わらない。

このあと、7人1組のグループが登場する。彼らは線路に横一列に並び、ライトで下を照らしながらゆっくりと歩いていく。

これは、作業を行った区間に何か落ちていないかと確認する作業だ。線路の交換に使用したハンマーなどの工具はもちろん、小さなボルトひとつでも見逃すわけにはいかない。

線路内で工事をするときは、何をいくつ持ち込んだのかを必ず記帳し、これと照らし合わせながら、最後のチェックを行うのだそうだ。

線路の巡回は、日中も行っている。これは、実際に列車が走行中、重さがかかったときの線路の状態を確認するためだ。

ベテランになると、列車の通過時にレールがどのくらいたわんだかをひと目で言い当ててしまうという。「ここは2㎜」、「ここは3㎜」といった具合だ。

こうした熟練の技術者たちによって、入念なチェック、補修が日々行われ、新幹線は毎日安全に走行することができるのである。

71 スゴイ圧力のかかるトンネルが壊れないヒミツ

1999年6月、山陽新幹線福岡トンネルにおいて、トンネル内壁のコンクリート（重さ約200kg）が剥落し、走行中の新幹線の屋根を直撃する事故が発生した。幸い、乗員乗客に被害はなかったが、一歩間違えれば大事故につながりかねない。事態の重大さから、JRは新技術を導入するなどして再発防止に取り組んでいる。

とりわけ、夜間に行われる点検作業は、時間をかけて緻密に行われる。

基本的には、特別な探査装置などは使わず、目視による点検と、ハンマーを使った打音検査を行う。見た目に異常はなくても、叩いてみると濁った音、軽い音など通常とは違う音がすることがまれにある。詳細な検査を行うと、そうした個所から何らかの異変が発見されることがあるという。

こうした異変を見逃さないよう、トンネルの点検はしらみつぶしにコツコツと行われ、一晩で300m進めば良いほうなのだそうだ。

72 雨の日にレールに噴射されているものは？

雨の日に、新幹線が何かをレールに噴射しながら走っているのを見たことがないだろうか。あれは何を噴射しているのか？

答えを言う前に、レールと車輪との間にある摩擦力について話しておこう。

レールの上を走る車輪は、重い車体を載せているため、レールと密接している。このときのレールとの摩擦も推進力となっている。

摩擦がないほうが車輪は回転しやすいと思えるだろう。現にブレーキは車輪に摩擦力を加えることで回転を止める。だがいっぽうで車輪とレールの摩擦が強いほど列車を引っ張る車輪の力は大きくなり、大きな加速力も生まれるのだ。

摩擦力は停車中が最大で、車輪が回り始めるときに最大の牽引力が発揮される。だが、列車の速度が上がるほど摩擦力は弱まり、加速力も弱まってしまう。

車輪が何かの理由で、空回りしているときは摩擦がなく、加速できない。

雨などでレールが濡れているときにも車輪とレールの摩擦は弱まる。高速で走る新幹線の場合は、車輪は空回りしてレールの上を滑ってしまう。こうなったら速度は思うように上がらない。急勾配などではなおさらで、下り坂では、ブレーキの効果が下がってしまう。このように、新幹線にとって、摩擦力を減らす雨は天敵なのだ。

そこで、この滑りを防止するために、新幹線では砂やセラミックの粒子を線路上にまくようになった。こうして、車輪とレールの摩擦を強めているのだ。500系や700系などにはセラミックの粒子をまく装置が搭載されていて、雨の日には車体の下からレールに粒子を噴射しながら走っている。

「セラジェット」という増粘着剤噴射装置である。在来線などでは砂がまかれることがあるが、セラミック粒子のほうが少量でも粘性が強いのだ。

ちなみにこの「セラジェット」は非常ブレーキをかけた際にも活躍する。

余談だが、電車と機関車を比べると、機関車のほうが摩擦力は強い。これは機関車が車軸ひとつひとつの回転力を個別に制御しているから。電車は、4つ、あるいは8つの車軸を一括して制御している仕組みなので、車輪とレールの摩擦は機関車より弱いのである。

73 在来線も走れる「フリーゲージ・トレイン」とは?

路線には「標準軌」と「狭軌」があり、これが新幹線と在来線の垣根をつくっていることは前述した。「このような線路幅に関係なく、列車が走れればいいのに」と思った人もいるだろうが、それを実現する列車が「フリーゲージ・トレイン」だ。標準軌と狭軌の両方を走行できる車両である。

幅の違う線路を新幹線が走る——。こうなれば、在来線の改変工事にかかる時間や費用は不要となり、新幹線の活躍する場がさらに広がることは言うまでもないが、それにはとんでもない技術が必要だ。高速で走り、車体を支えながら、同時に車輪の幅も変えなければならないからである。

次ページには、その仕組みについて、簡単に図示した。

なお、現在は列車の耐久性におけるメドもつき、新たな試験車両も完成した。新幹線、在来線、軌間変換区間での走行試験が実施され、運用は間近だ。

フリーゲージ・トレインの仕組み

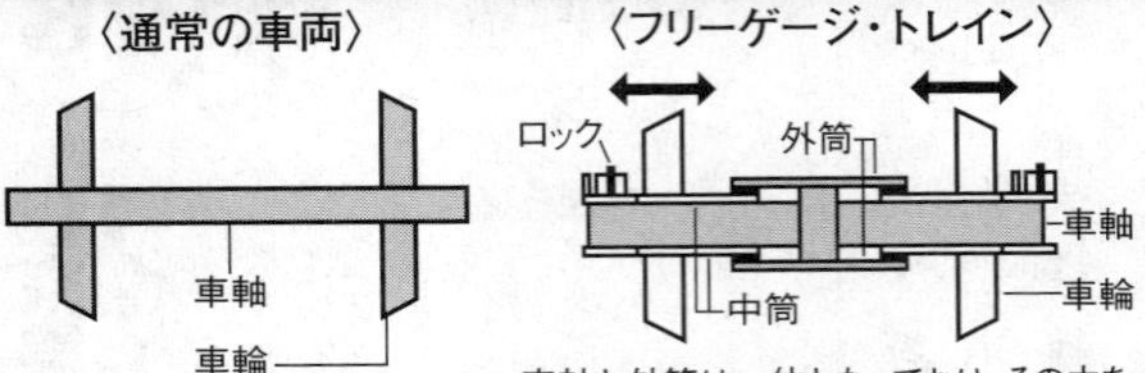

車軸と外筒は一体となっており、その中を、車輪と一体化した中筒がスライドする

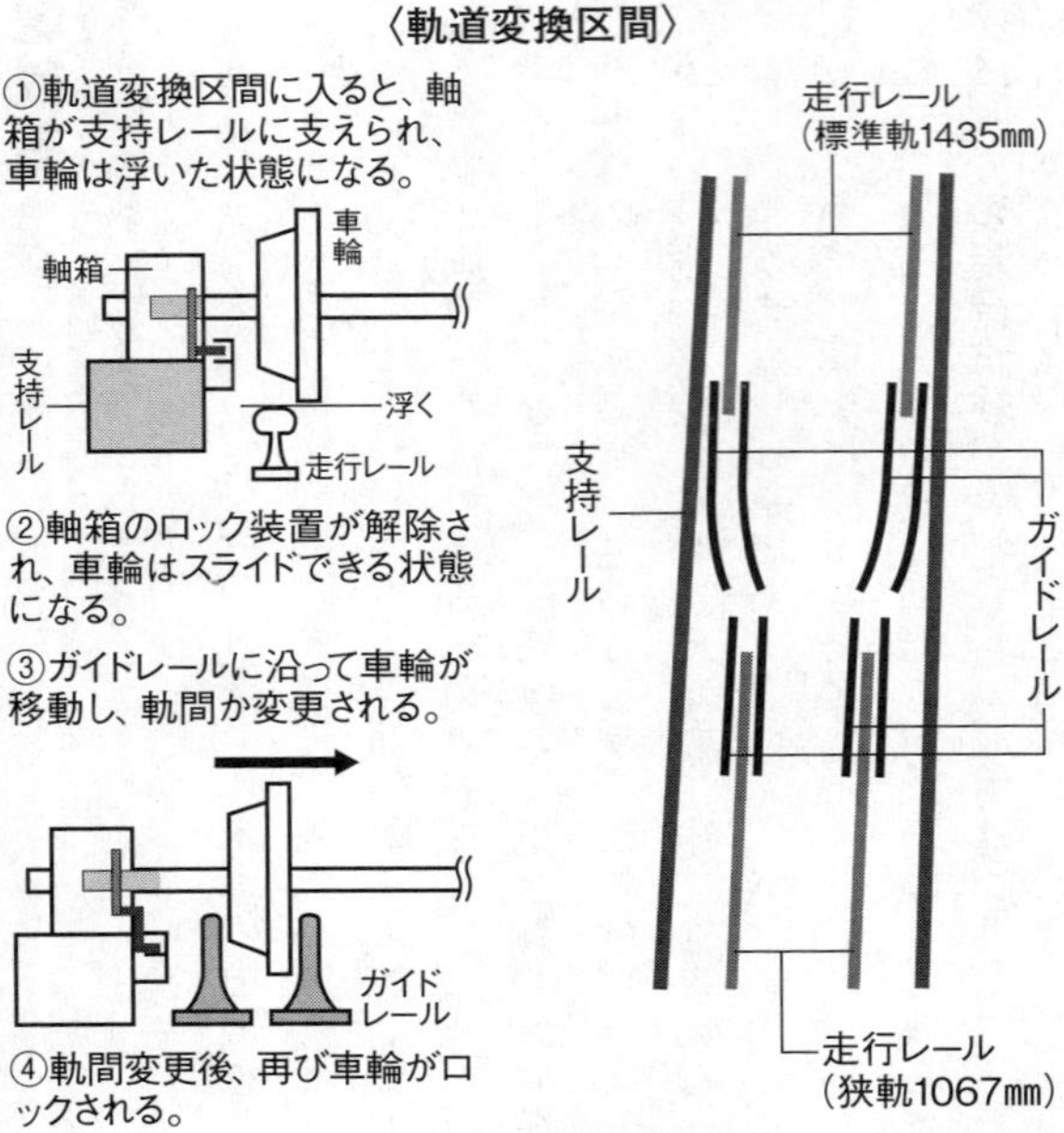

国土交通省鉄道局「軌間可変電車(フリーゲージトレイン)の技術開発状況について」を元に作成

74 時速603㎞／hを出したリニアの実力は？

「リニア中央新幹線」と呼ばれる、もうひとつのJR高速新幹線構想がある。実現すれば東京―大阪間は、わずか1時間で結ばれる。

研究が始まったのは、いまから50年以上も前の1962年。その10年後、1972年には超電動リニアモーターカーの実験車が浮上走行に成功している。このときの時速は60㎞／hだったが、翌1973年には「全国新幹線鉄道整備法」によって、リニア中央新幹線の基本計画が決定されたのである。

以来、開発は着々と進められ、「超電導リニアモーターカー」は、実用化が見える段階までこぎつけた。2003年12月には、有人の試験走行で581㎞／hを記録して、ギネスブックに登録されている。このときは3両編成だったが、2015年4月には「L0系」7両編成で603㎞／hを出し、世界記録を更新したのである。

2027年には、東京―名古屋間が開業予定で、最速40分で結ばれることになる。東京—大阪間の全線開業は２０４５年の予定だ。

ところで、リニアモーターカーとは、どんな乗り物なのか？　「超電導」「車体を浮かせて走る」などの断片知識はあるが、それはどういうことなのか？

簡単に言えば、磁石の「くっつく力（吸引力）」と「相反する力（反発力）」を利用して車体を浮かせ、同じく「吸引力」と「反発力」で推進させる仕組み。

もう少し詳しく知りたいという方は、次の説明を読んでほしい。

ある種の金属物質を一定温度以下に冷却すると、電気抵抗がゼロになる。これを「超電導現象」と言う。そして、この状態になった金属物質でコイルをつくり、そこに電流を流すと、電気抵抗がないため、永久に電流が流れ続ける。その結果、このコイルは強力な磁石（超電導磁石）となる。

超電導リニアモーターカーはこの「超電導磁石」を搭載し、いっぽう、ガイドウェイ（レールのようなもの）には「地上コイル」が取り付けられている。このふたつの〝磁石〟の間に生じた強い磁気によって、車体が10㎝ほど浮き上がり、さらに前に進む、という仕組みだ。

「地上コイル」には、車体を浮き上がらせる「案内コイル」と、車体を走らせ

リニアモーターカーの仕組み

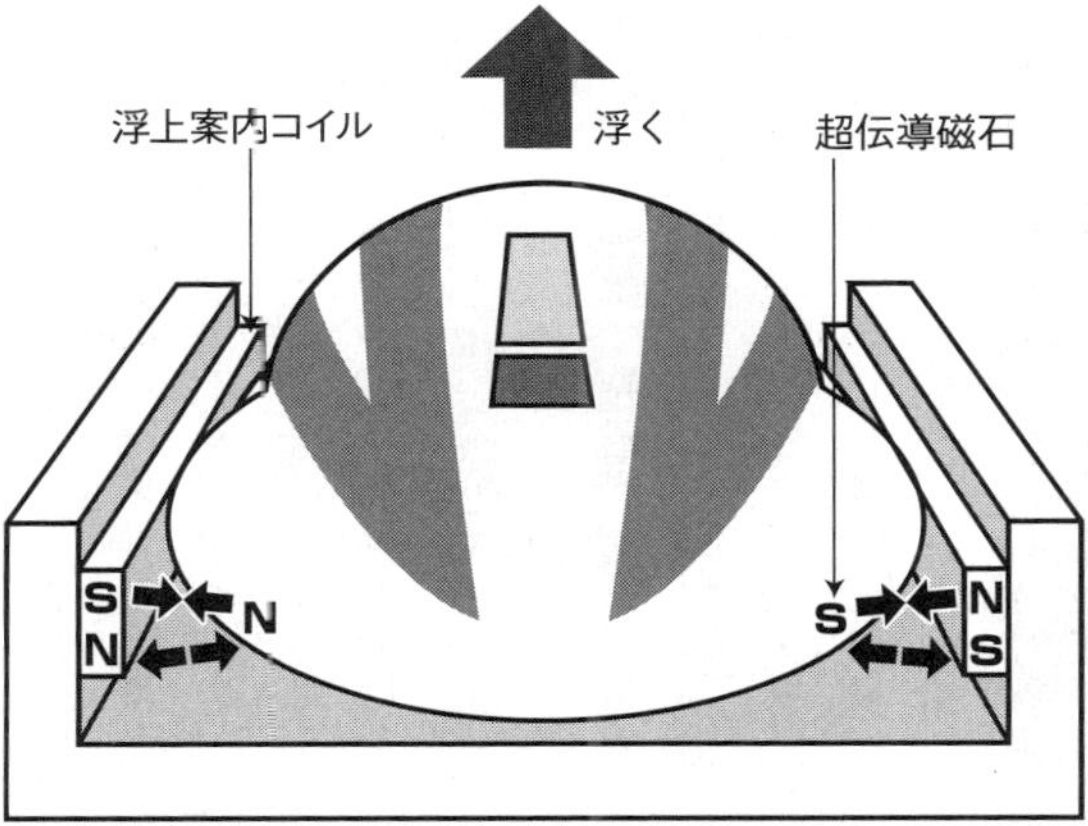

●車両の超伝導磁石が高速で通過すると、浮上案内コイルに電流が流れ、「反発力」と「吸引力」で車体が浮く。

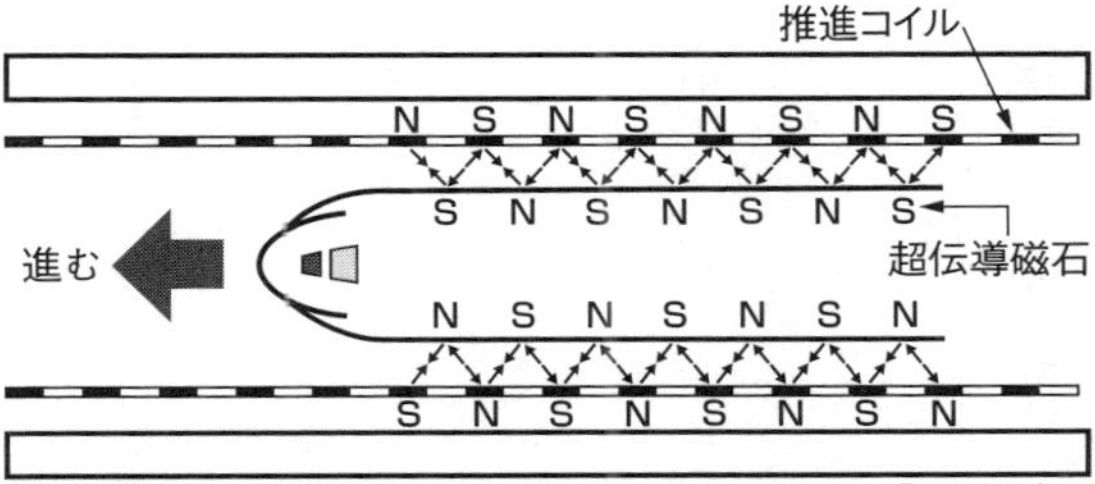

●推進コイルと車両の超電導磁石とのN極とS極で「吸引力」と「反発力」によって車両が進む。

る「推進コイル」がある。

「案内コイル」に電流が流れると「超電動磁石」になり、車両に搭載された「超電導磁石」との間に「反発力」と「吸引力」が発生する。反発力は車両を押し上げ、吸引力は車両を引き上げる。

また同じように電流を流すことで、「推進コイル」と車両の「超電動磁石」との間にも、「反発力」と「推進力」が発生する。反発力は車両を前に押す力となり、吸引力は前に引っ張る力となる。

こうしてリニアは浮き上がり、路線上を高速で進むというわけだ。ちなみにリニアの正式名称は「超電導磁気浮上式リニアモーターカー」という。

リニアの走行試験などは「山梨実験線」で行われている。山梨県東八代郡境川村から南都留郡秋山村までの42・8㎞で、主に実験が行われているのは、大月市から都留市までの18・4㎞の区間だ。

ここには線路にあたるガイドウェイがある他、車両基地、電力変電所、実験センターなど、車両の走行に必要な設備がそろっている。またガイドウェイは複線で、急勾配やトンネル、高架橋なども備えている。

PART 6

新幹線流のサービスとは?

知るとさらに楽しい「おもてなし」の謎

75 九州新幹線の内装は、なぜ和風なのか？

２００４年、九州新幹線・新八代—鹿児島中央間の開業とともにお目見えした８００系。現在は「さくら」「つばめ」として運用されているが、この列車が登場したころは、そのデザインに多くの人が驚かされた。

座席の背もたれやひじ掛け、テーブル、上部のラゲッジラックをはじめとして、内装には「木」がふんだんに用いられている。

これは、「人の手が触れる場所は極力温かみを感じる木材を使いたい」というデザイナーのこだわりだ。

また、西陣織の座面のシートは号車によって異なる色合いのものを使用するなど遊び心にもあふれている。その他、窓の木製ロールブラインドは九州山地の山桜を使用、洗面室には八代い草の縄のれんをあしらうなど、九州新幹線ならではの演出もおもしろい。

２００９年の夏に導入された新８００系では、金箔の壁や蒔絵のディスプレイ額、本革製の座席シートなど、贅を凝らした内装が話題となったが、電話室の仕切りにつばめの柄が入った久留米絣ののれんを使用するなど、九州の伝統の技を生かすことも忘れていない。

じつはこの九州新幹線・新八代―鹿児島中央間は、そのおよそ70%がトンネル内での走行となっている。そのため、窓の外の景色を楽しむことができなくても、車内で退屈せずに過ごしてもらいたい、そんな思いを込めて実現させたインテリアなのである。

すいている時間帯であれば、別の車両に足を運んでシートや座面、カーペットの色柄や、仕切り壁の素材（金箔やクスノキ、ハードメープルなど）を見て回るのも楽しいだろう。

博多―鹿児島中央間、「さくら」利用で約1時間30分、「つばめ」利用で約1時間50分。思わず「あれっ、もう着いちゃったの?」と言いたくなるような新幹線である。

76 東北新幹線で行われる最上級のおもてなしとは？

２０１１年3月5日、東北新幹線にE5系「はやぶさ」がデビューした。この列車の導入でもっとも注目を集めたのは、「グランクラス」の登場ではないだろうか。

グランクラスとは、グリーン車よりも格上のデラックスシートのことで、いわば新幹線の〝ファーストクラス〟。豪華な内装と最上級のおもてなしで、「ずっと乗っていたい」と思うほど快適な車両である。

現在は東北新幹線の他、北陸新幹線、北海道新幹線でも営業運転されている。一体どんなサービスなのだろうか。詳細をご紹介しよう。

東北新幹線では10両のうちの10号車1両だけがグランクラスとなっている。「1人掛け＋2人掛け」の3席が6列並び、1両の定員はわずか18人。一般の乗客が通り抜けできないよう、先頭車に連結している。

シートピッチ（シートとシートの間隔）は１３００㎜（グリーン車１１６０

㎜）、座席幅は520㎜（グリーン車475㎜）のゆったりしたつくりで、体格差やさまざまな着座姿勢にも体をバランスよくサポート。45度の電動式リクライニングシートを採用し、長時間の移動でもまったく疲れを感じさせない。

もうひとつの大きな特徴は、グランクラス専任アテンダントによる最上級のおもてなしだ。

軽食提供のサービスでは、和・洋からお好みのものを選ぶことができる。洋軽食はサンドイッチを中心としたもの、和軽食は上り・下りで異なるメニューを提供している。また、乗車時には10種類以上のソフトドリンクや各種アルコール飲料の中からウェルカムドリンクをサービス。以降乗車中は自由にオーダーすることができる。

さらに、スリッパやブランケット、アイマスクなど各種アメニティグッズが用意されており、ブランケット以外は持ち帰りも可能だ。

ただし、東北新幹線「なすの」や北陸新幹線「あさま」など、一部の列車は座席のみの営業となり、軽食やフリードリンク、アメニティのサービスを行わないものもあるので、予約の際には注意が必要だ。

77 世界最速で芸術鑑賞ができる新幹線って？

２０１６年４月29日、「世界最速の芸術鑑賞」のキャッチフレーズを掲げて上越新幹線の越後湯沢―新潟間で運行を開始した「現美新幹線」は、現代アートを鑑賞しながら車窓を楽しみ、地元の素材にこだわったスイーツを味わうという、ユニークなコンセプトで人気の列車だ。

車両は元秋田新幹線「こまち」のＥ３系０番台を改造したＥ３系７００番台の６両編成。外装と、各車両を一人ないし二人のアーティストが演出し、それぞれ独創的な空間を作り出している。

外装を担当したアーティストはフォトグラファー／映画監督の蜷川実花氏。黒を基調とした車体全体に、自身が撮影した新潟県の長岡花火の写真をラッピングした。

内装は、新幹線の座席をそのまま生かして「五穀豊穣」「祝祭」「光」を表現した車両。ミラータイルを壁に貼り、車窓の景色と一体となった不思議なアー

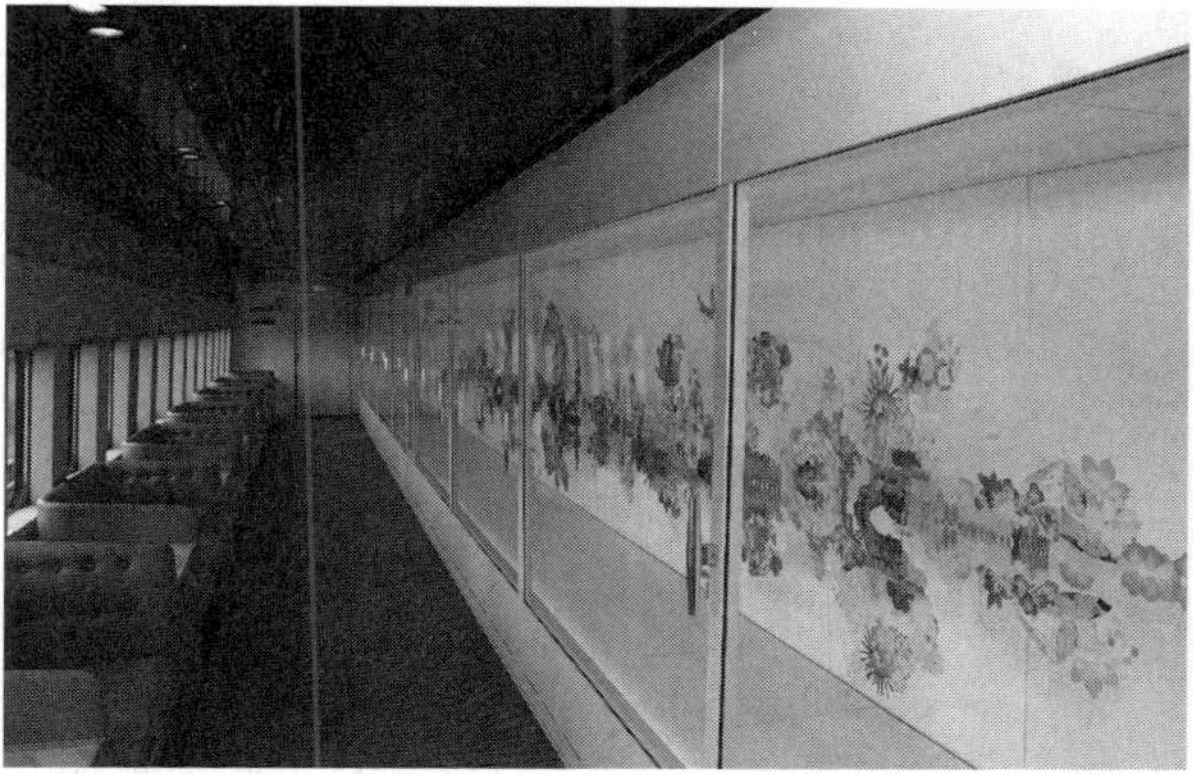

ト空間となっている。

また、裸足になって遊べるキッズコーナーや、大型のモニターがずらりと並んだ映像アートの車両、写真や絵画のギャラリーなどなど、ゆったりしたソファーに座って現代美術を鑑賞できるアトリエのような空間となっていて、思わず新幹線の車内であることを忘れてしまうほどである。

さらに、併設のカフェでは、地元・新潟のおいしさがアピールされている。魚沼産コシヒカリの米粉や、佐渡のバターを使ったケーキ、マドレーヌ、燕市の人気店ツバメコーヒーのおいしいコーヒーを味わうこともできる。

78 新幹線で温泉気分を味わえるってホント?

移動中も温泉気分を楽しみたい。そんな願いをかなえてくれる新幹線が、山形新幹線・福島―新庄間を走る「とれいゆつばさ」だ。

この列車も前項の「現美新幹線」と同じ、「こまち」用E3系0番台を改造したE3系700番台の6両編成。1編成を丸ごと本格的に改造した新幹線は、この「とれいゆつばさ」が初となる。

「とれいゆつばさ」の最大の特徴は、車窓を眺めながら足湯を楽しめること。1両の中に、同時に8人が利用できる足湯設備が設けられている。

湯上り後は、隣の車両に移動して1杯やるのもいい。山形県の名産「ベニバナ」をモチーフにしたレッドカラーのバーカウンターでは、山形の地酒やワイン、フルーツジュースやアイスなどを提供している。

バーカウンターの隣は、畳敷き・掘りごたつ風の湯上りラウンジのコーナー。漆喰質の壁に石張りの小路。まるで温泉街の一角に迷い込んでしまったかのよ

うな気分にさせられる。

また、車内のあちらこちらに山形ゆかりの品やオブジェが展示されており、これらを見て回るのもまた一興だ。

ところで、「動く新幹線車内での足湯、お湯はこぼれないのか」と思った方もいるだろう。しかし、心配はご無用。

「とれいゆつばさ」の運行区間・福島―新庄間は在来線併用区間になっていて、110㎞／h以下での走行となる。

しかも、さまざまに工夫を凝らした設計となっているため、110㎞／hから急停車しても、お湯がこぼれることはないそうだ。

79 ファン大興奮の「エヴァンゲリオン新幹線」って？

スタイリッシュなフォルムで人気の新幹線500系を、人気アニメ『新世紀エヴァンゲリオン』に登場する「EVA初号機」をモチーフに塗装した「500 TYPE EVA」が、2015年11月に登場。新大阪―博多間を各駅停車で走る「こだま」として、2017年3月までの期間限定で運行している。

8両編成の車内は、1号車が「展示・体験ルーム」となり、エヴァンゲリオンの世界観が楽しめる。ジオラマやフォトスポット、各種パネルと実物大コックピット搭乗体験コーナーが用意されている。

2号車は、通常の自由席として利用できる「特別内装車」。EVA初号機をイメージさせる従来のシートを生かしながら、フロアーやひじ掛け、ヘッドカバーやブラインドなど、あらゆるエヴァンゲリオン仕様の装飾が施されている。

3号車から8号車は通常の車両と変わらないが、3号車博多側デッキの喫煙ルームには、愛煙家のキャラクターである赤木リツコと加地リョウジがたばこ

を吸う様子が描かれている。

また、博多駅改札内で営業する「500 TYPE EVA Café」では、エヴァンゲリオンにちなんださまざまなメニューを提供している。

ＥＶＡ初号機をイメージした「500 TYPE EVAサイダー 初号機Ver」、エヴァンゲリオン新幹線をかたどった「500 TYPE EVAスイーツプレート」、初号機カラーの紫と緑のパスタを使用した「500 TYPE EVA初号機パスタ」、綾波レイの好きなラーメン「500 TYPE EVAにんにくラーメン」など、ファンなら1度は足を運びたくなるメニューばかりだ。

80 500系「こだま」に子供の運転台がある！

山陽新幹線・新大阪―博多間を、最高スピード300km／hで走る「のぞみ」として話題になった500系だったが、製造コストや居住性の問題、乗降ドアの他系列との違いなどの理由から徐々に「のぞみ」から撤退していき、現在は「こだま」のみで運用されている。

端っこに追いやられてしまった感の強い500系だが、ジェット機のような先頭車両のフォルムから、「イケメン列車」としていまだに人気は高い。さらに近頃は小さな子どもを連れた親子からの人気も高まっている。

その秘密は8号車にあった。運転席のある8号車客室の運転席側に、「子供用運転台」が設置してあるのだ。もちろん疑似運転台だが、実際の運転台とそっくりなブレーキハンドルとマスターコントローラーを備えている。運転台の正面には500系運転席の実際の写真が貼ってあり、実際に新幹線を運転しているような気分を味わうことができる。

また、500系新幹線をモチーフにした山陽新幹線の公式キャラクター「カンセンジャー」が、いま、子どもたちに大人気だ

カンセンジャーはエコ星からやってきたヒーローで、地球の平和を守るために日々悪と戦っている。ふだんはニシ・タビトという名で新幹線の車掌をしているが、宇宙ギャング・ダークマインダーが悪さを始めると、カンセンジャーに変身し、パンタグラフソードを使って退治するという設定。

子どもたちに安全やマナーの重要性を訴える本編のほかに、山陽新幹線のメカニズムや、新幹線にかかわる仕事を紹介する「お仕事紹介ムービー」シリーズが、JR西日本のホームページで配信されている。

2013年からは、カンセンジャーのイラストを車体側面に施した500系新幹線が運行を開始。また、さまざまなイベントにも引っ張りだこで、子どもたちとのふれあいを通じて、将来にわたる新幹線ファンを増やしていくという目的は、うまくいっているようだ。

JR西日本側としては、いつか700系などの仲間を増やしてあげたいというひそかな夢をもっているらしい。

81 700系「のぞみ」の11号車がママに人気なのは?

パパやママだって、「新幹線に乗ってお出かけしたい!」と思うことはあるだろう。しかし、「周りに迷惑をかけてしまうかもしれない」などという気持ちから、なかなか踏ん切りがつかない。

そんなときのために覚えておきたいのが、「子ども連れに優しい車両」である。それは、16両編成「のぞみ」「ひかり」「こだま」の11号車だというのだが、いったいどこが「子ども連れに優しい」のだろうか。

理由① 11号車の東京側に「多目的室」がある。

多目的室とは、体の不自由な方、介護を必要とする方を優先する個室だが、空室時には体調を崩した方や、授乳おむつ替えなどにも利用することができる。使用するときには、乗務員に声をかければよい。

理由② 11号車の東京側に「多目的トイレ」がある。

多目的室の向かいのトイレは、ベビーカーごと入ることのできる多機能トイレになっている。ママが用を足しているときに子どもを座らせておく「ベビーキープチェア」や「おむつ替え用ベッド」「おむつダスト」が備え付けられている。

理由③　ベビーカー置ける空間が確保できる可能性がある。

11号車の12・13列は、本来は3列シートであるところ、通路側の座席を撤去して2列シートとなっている。空いたスペースには車いすが置けるようになっており、空いているときには乗務員に声をかけたうえで、ベビーカーを広げたまま置くことも可能だ。

11号車の客席

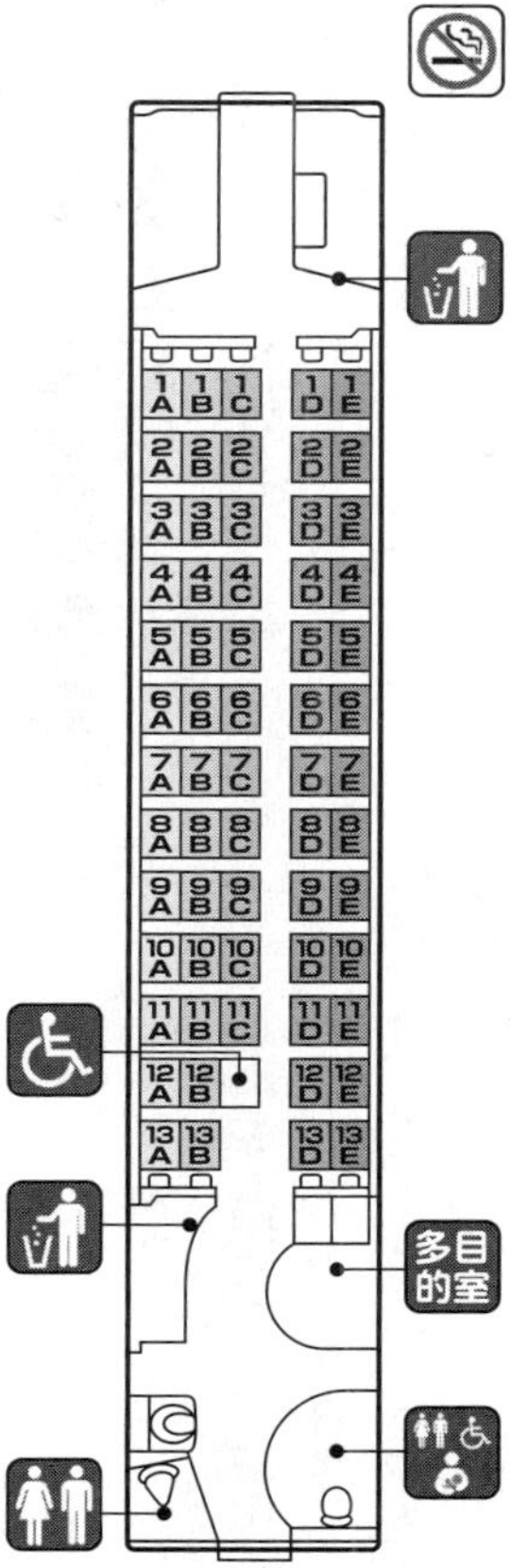

82 「VIP専用特殊車両」ってどんな車両？

新幹線には、皇族や海外からの来賓などVIPが鉄道で移動する際に使用される「特殊車両」というものがある。と聞くと、「どれほど豪華な列車なのだろうか」と想像ばかりがふくらんでくるが、実際には、外見上はふつうの車両（グリーン車）とまったく見分けがつかないようになっている。

スパイや探偵、あるいは犯罪者は、いかにもそれらしい格好で歩いていてはかえって怪しまれるだけ。それと同じ原理である。

とはいえ、特殊車両には特殊な改造が施されており、防弾仕様に改造された窓ガラスや車体もそのひとつ。至近距離からロングレンジまで、どのような狙撃をも阻止できるよう、万全の対策が取られている。

さらに、「いつ製造されたのか」「どんな人が乗車したのか」「どんな工夫が施されているのか」など、特殊車両に関する情報は、警備上の理由からいっさい公開されていない。これは、新幹線開業から現在にいたるまで、一貫して守られてきたことである。

この謎に満ちた特殊車両、じつは通常の編成に組み込まれ、ＶＩＰが使用しないときには一般の運行にも用いられているという。

もちろん、現在どの編成に組まれているか、どこを走っているかなどの情報がもれることは決してないため、知らない間にＶＩＰ専用の特殊車両に乗って旅をしていた、なんてことがあるかもしれない。

一般的に、特殊車両は編成全体のほぼ中央に位置することが多い。これは、走行による振動や揺れが少なく快適であると同時に、走行中に不審者が見つかった場合には、前後どちらかの端の車両に追い込んで確保できるなど、警備上でも有利になるためである。

そして、特殊車両にＶＩＰが乗車する際には、車両中央部のシートをいくつか撤去し、テーブルやソファーが設置され、〝それらしい〟雰囲気になる。

グリーン車に乗った際には、「もしかしたらこの車両が……」などと考えてみるのもおもしろいだろう。

83 新幹線が超速で荷物を運んでくれるってホント？

荷物を送るというときにまず思い浮かべるのは、宅配便などのトラック輸送、もしくは遠距離なら飛行機や船による輸送も欠かせない。そんな荷物の輸送手段のひとつに、新幹線も利用されていることをご存じだろうか。

これは「新幹線レールゴー・サービス」といって、東北・上越新幹線を使い、東京と、仙台・盛岡・新潟の3駅との間で、その日のうちに荷物を送ることができるサービスだ。

1981年、乗務員室の空きスペースを有効活用するために、東京―新大阪間で始まったサービスだったが、利用者の反応は予想以上に好評で、取り扱う駅は徐々に拡大していった。当時、宅配便では1～2日要するところが、たった数時間で目的の駅に着いてしまうのだから、それはそれは便利だったに違いない。

さらに、レールゴー・サービスに集配サービスをプラスした「ひかり直行便」というものもある。取り扱う駅は東京と仙台。集配の対象地域はかなり限られているため、利用の際には注意が必要だ。

何よりスピードが魅力の「レールゴー・サービス」「ひかり直行便」だが、安価な宅配便の発達やインターネットの普及などにより、事業規模は徐々に縮小。東海道・山陽新幹線でのサービスは終了したが、東北・上越新幹線ではいまも行われている。

それでも、とくにスピードが要求される「医療用の血液」など、特殊な輸送分野では、いまもその特性を大いに生かし、威力を発揮している。

また最近では、「依頼主の家に出向いて荷物を集荷↓そのまま駅に向かい↓レールゴー・サービスに受け渡す」といったサービスを行う宅配便業者、バイク便業者が登場。家にいながらにして、レールゴー・サービスを利用することが可能だ。

一般的な宅急便に比べて割高にはなるが、遠方に大急ぎで届けたいものがあるときには、たいへん便利なサービスである。

84 ついつい買いたくなる車内販売ワゴンのヒミツ

近ごろは利用者の減少や駅構内の店舗の発達などから、車内販売を縮小する動きが見られるが、旅の楽しみが減ってしまうと嘆く声も多く聞こえてくる。

お弁当や飲み物、おつまみ、お菓子やアイスクリームはもちろん、その土地の名産品まで取り扱っており、お土産を買う時間がなかったときなどは、たいへんありがたい。

それにしても、あの小さなワゴンによくこれだけの商品を積めるものだと感心させられる。しかも、いつも同じ商品を、同じ数だけ、同じ場所に、ただ並べているだけではない。

じつはあのワゴンのディスプレイ、ざっくりした配置は決まっているものの、細かな部分は担当の販売員に任されている。季節や曜日、時間帯や天候、客層などによって、売れ筋はまったく変わってくる。たとえば、平日の朝はビジネスマンが多く、コーヒーやサンドイッチ、おにぎりがよく売れる。同じく平日

車内販売ワゴンの一例

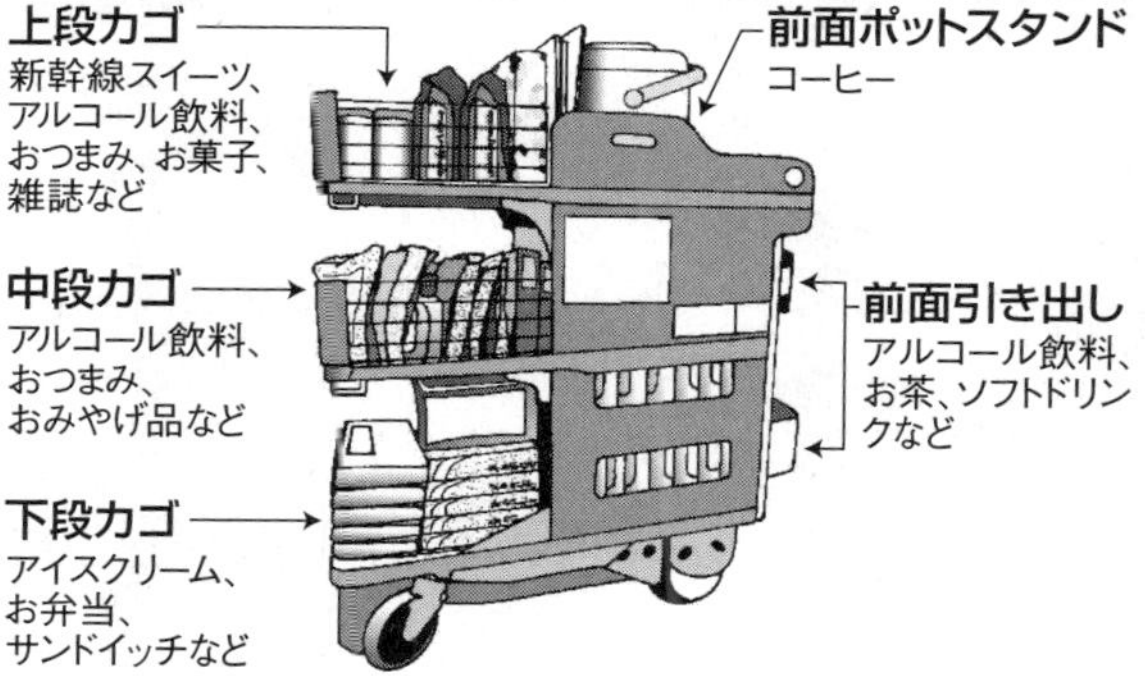

の昼間は悠々世代の小旅行客も多く、お茶やお弁当が人気だ。お昼前後は客層にかかわらずお弁当がよく売れ、夕方以降はアルコールとおつまみタイム。同じアルコールでも、暑い日ならビール、冬はウイスキーや日本酒。土日祝日は家族連れや観光客が中心で、子どもが多ければお菓子やジュースが売れ筋となる。

当然、売れ筋商品を多く積み込み、さらによく見える位置に配置するのがポイントだ。こうしたディスプレイによって売り上げはまったく違ってくる。中にはディスプレイに1時間もかける販売員もいるそうで、各ワゴンの工夫を観察するのも楽しみのひとつになりそうだ。

85 車内販売員のバッジの色が違う謎

新幹線にはパーサーと呼ばれるサービススタッフがいる。東海道新幹線を例に、そのお仕事の一部を紹介しよう。パーサーが車内販売を担当することはよく知られているが、じつはグリーン車での改札業務なども行っている。

東海道新幹線の「のぞみ」「ひかり」のパーサーの左胸にはバッジが光っており、よく見ると赤、えんじ、緑、青、紫、黒の6色がある。そして色の違いはパーサーの「階級」を表し、階級により仕事内容も変わってくる。

「赤」のバッジをつけているのは「臨時社員」。いわゆるアルバイトで、社員とともに販売業務を担当する。

「えんじ」はワゴン販売を行う「アシスタントパーサー」。商品の数量管理から補充まで、すべての業務を任されている。

アシスタントパーサーが車掌業務研修を受講して試験に合格すると、車掌業務資格を取得できる。基本的にこの資格を取得すると、「緑」バッジの「パーサー」に昇格する。パーサーは、ワゴン販売だけでなく、グリーン車での改札業務や案内業務も行っている。

「青」のバッジは「シニアパーサー」。「のぞみ」で車内改札の責任者となったり、チーフパーサーの代行として、クルーのまとめ役を担当することもある。

「紫」のバッジをつけているのは「チーフパーサー」。クルーの責任者として乗務し、各種連絡・指示・とりまとめを行う。車掌との連絡や商品積み込みの対応なども、チーフパーサーが行っている。

そして「黒」は、研修や訓練を指導する「インストラクター」。研修のないときには乗務をし、乗務の中で指導を行うこともある。

このようにパーサーは車内販売だけでなく、さまざまな研修や訓練を受け、段階を踏んでステップアップしていくという、やりがいのある仕事である。

余談だが、ベテランのパーサーになると、車窓からの景色で「列車が揺れるポイント」がわかるという。「あの看板が見えたからブレーキだ」「右カーブが近い」など。そのあと、揺れに備えてワゴンの動きを止めたり、足を踏ん張ったりすれば、よろけたりコーヒーをこぼしたりすることを防止できるそうだ。

86 車内販売員は、なぜすごい速さで計算できるの？

車内販売で買い物をすると、販売員が何か小さな機械を操作しているのをご存じだろうか。これは「ハンディスキャナー」と呼ばれるもので、簡単に言えば、バーコード式の小型レジスターだ。

販売員として、じっさいに車内で仕事をするようになると、それぞれの商品のバーコードが印刷されたカードとともに、このハンディスキャナーが会社から支給される。商品が売れた際には、簡単な操作で売上の集計や在庫の管理に必要な情報を記録することができ、販売員にとって、なくてはならないものなのである。

さらに、バーコードを読み取れば商品の合計金額が表示されるため、お勘定を正確に伝えることができる。

「お弁当を1つ、サンドイッチを1つ。それから、お茶を2つ。ついでにアイスクリームもちょうだい」

と言われても、あわてることはない。ピッピッピッとバーコードを読み取っていけばいい。

しかし残念なことにこの機械、普通のレジスターと違って、おつりの計算ができない。したがって、ここだけは販売員が暗算でやるしかないのだ。

というわけで、車内販売員は、暗算が得意になっていくというわけなのだが、ベテラン販売員にもなると、商品ごとに、可能性のあるおつりの金額を暗記しているらしい。たとえば、ビール1本290円のお買い上げがあれば、おつりは「10円」「210円」「710円」「4710円」「9710円」のいずれか。

さらにベテランになると〝よくある組み合わせ〟に対するおつりの金額も暗記しているという。たとえば、「ビール290円と鮭ジャーキー300円」なら「10円」「410円」「4410円」「9410円」のいずれか。これが、計算することなく、注文と同時に頭にパッと浮かんでくるそうだ。

ちなみに、最近ではPASMOやSuicaなどの電子マネーで支払いができるようになってきている。お金を出し入れする必要がなく、乗客にとってもラクになったが、誰よりも販売員がいちばん喜んでいるのではないだろうか。

87 トンネル工事から生まれた大ヒット商品って？

JRを利用する人の中には、駅の自動販売機で売られている飲料水を愛飲している人も多いのではないか。たとえば、「acure」とロゴのある自動販売機には、街中のコンビニなどではあまり見かけない商品が並んでいる。

JR東日本ウォータービジネスという会社が販売するもので、地方の産物を使った果汁飲料や乳飲料、天然水などがある。

ちょっと年代が上の方は、「名水大清水」というミネラルウォーターを覚えている方もいるだろう。この名水こそ、JRのオリジナル飲料水の草分けである。じつはこの名水、上越新幹線の「大清水トンネル」の工事から生まれた副産物だったのである。

群馬県の谷川岳――。上越新幹線を開通するには、群馬と新潟の間にそびえる、この難所をぶち抜き、トンネルをつくらなければならなかった。工事は過酷を極めたが、そこに追い打ちをかけるような事態が起こった。出水である。

しかも、毎分30トンを超える大量の水が湧出するため、トンネルのルートを変更する羽目になった。そして、ついに「大清水トンネル」が完成。トンネル掘削を邪魔した湧出水は、トンネル内の雪を解かすために有効利用された。

しかし、作業員たちは、その水のさらなる活用法を思いついたのである。水のうまさが際立っていた。「このうまさは売り物になる」と踏んだのだ。

おいしさの秘密は、谷川岳に降った雨や雪が、「大清水トンネル」に至るまでに、6層の地層でろ過され、さらにミネラルを含むことだった。

商品名は「名水大清水（おおしみず）」となった。〝大清水（だいしみず）トンネルの水〟だが、「にごらない」「おいしい水」という意味を込めてつけられた名だ。そして、駅中の自動販売機に置いたところ、大ヒットしたのである。「名水大清水」は新幹線の車内でも販売され、ウイスキーの水割り用としても人気だった。

現在は見かけなくなったが、それもそのはずで「From AQUA」というペットボトルに姿を変えている。これもまた優れもので、キャップがボトルから落ちない仕掛けになっている。

88 大人気の食堂車が新幹線から消えた謎

かつては、新幹線に乗って食堂車を利用することを楽しみにしていた人もいるだろう。だが、現在は、どの新幹線からも食堂車が消えてしまった。

新幹線による〝供食体制〟は1964年の開業当初からあった。最初は12両編成のうちの2両を使ったビュッフェ（軽食堂）から始まっている。

そして1975年、新大阪―博多間が開業する前年には、本格的な食堂車が営業を開始。東京―博多間の、7時間の長時間運転に備えるためである。

日本がバブル景気に湧いた1980年代には、新幹線の食堂車両は最盛期を迎える。東京発の東海道新幹線では、名古屋をすぎるあたりまで満席の表示灯が消えることはないほどだった。

1985年から登場した100系X編成では、2階席での素晴らしい眺めとともに食事が楽しめるダブルデッカー（2階建）の食堂車も好評を博した。

メニューも充実し、サーロインステーキ、子羊のワインソテー、合鴨の燻製など、高級レストラン並みの料理が用意され、コース料理も登場している。ところが2000年3月、「グランドひかり」（100系V編成）を最後に、新幹線の食堂車はその華やかな歴史に幕を下ろすことになったのである。

理由はいくつかあるが、ひとつは人員削減による合理化の問題だ。同時期には、新幹線だけでなく在来線特急の食堂車も次々に消えていった。

そして何より大きな理由は、「技術の進歩による高速化」だろう。新幹線の開業当時、東京―新大阪間の所要時間は約4時間だった。しかし、新幹線の高速化が進み、乗車時間は短縮されていく。このため、車内でゆったりと食事をするというスタイル自体が新幹線に当てはまらなくなってしまったのだ。

2003年には東北新幹線に残っていたビュッフェ、カフェテリアも終了。さらに、現在では、車内販売も縮小傾向にある。東海道新幹線の「こだま」の車内販売も2014年に終了した（「のぞみ」「ひかり」は継続）。

新幹線内で食事をする機会が奪われているようで寂しいが、駅弁は健在である。車窓を眺めながら、地方の味覚が楽しめる駅弁の味は格別だ。駅弁業界には「列車内の食事」の最後の砦として頑張ってほしいものである。

89 ユニークなサービスが次々と消えたのは？

新幹線から食堂車が消え、いまや車内販売も縮小傾向にある。採算や人員の関係など、やむをえない事情があるのはわかるが、なんとも寂しい。

新幹線では、さまざまなサービスが行われ、本書でも「とれいゆつばさ」や「現美新幹線」「子ども用運転台」などについて紹介した。ここでは、かつて新幹線内で行われたサービスについて、いくつか振り返ってみたい。

まずは、JR西日本の「ファミリーひかり」だ。1995年に開始されたサービスで、その名の通り、子どものいるファミリー向けのプランだ。年末年始やお盆、GWなど、家族連れの乗客の多い時期に臨時増発列車が運行された。

古くなった0系車両などを活用して再編成したものだが、人気だったのはビュッフェ車両を改造した「こどもサロン」だ。車両の半分ほどに靴を脱いで上がれるスペースが設けられ、ブロックやおもちゃ、ゲーム、ビデオなどが用意された。新作ゲームのキャンペーンや、アニメの主人公をあしらったイベントなども行われたが、2002年に終了した。

山陽新幹線に1988年に登場した「シネマカー」もユニークだ。山陽新幹線はトンネルが多いため、映画を見ながら過ごしてもらおうというサービス精神から誕生した。定員38名のビデオルームには、50インチのスクリーンと専用プロジェクターが設置された。入場料は600円だが、最新ロードショーの作品が上映された。だが「映画を見て乗り過ごした」など、時間的な問題もあり、利用客は少なかった。やがて無料開放となり、1994年には終了した。

JR東日本の「マッサージトレイン」は好評のうちに終了したサービスだ。乗客へのアンケートを実施し、「短時間のマッサージが欲しい」という要望に応えるかたちで2000年にスタートした。当時、東北新幹線200系2階建車両では、4人用普通車個室の利用者が少なく、有効活用の一手段でもあった。

マッサージ室に改造された個室2部屋には専用のマッサージ器具があり、ふたりのマッサージ師が常駐していた。料金は15分で1600円。ビジネスマンを中心に好評だったが、個室車両の廃止などにともない、終了してしまったのである。

90 役目を終えた新幹線と出会える場所は？

さて、ここまで読んでこられた皆さんは、新幹線をその目で見たくなったのではないだろうか。では、どこに行けば新幹線に会えるのか？

いちばんは、やはり東京駅だろう。東海道・山陽新幹線、東北・山形・秋田・北海道新幹線、上越新幹線、北陸新幹線の各車両が集結する。

全国には、役目を終えた新幹線が保存・展示されている博物館などがあり、それらの施設のなかには新幹線に関する体験や学習ができるところもある。主なものをいくつかご紹介しよう。なお、展示車両は変更することもあるため、お出かけの前に確認のこと。

★リニア・鉄道館（愛知県名古屋市）

東海道新幹線を中心に、在来線から超電導リニアモーターカーまで、展示を通じて「高速鉄道技術の進歩」を実感として学べる。超電導リニア、試験電車

300X、ドクターイエロー、0系、100系、300系、700系などの車両が保存・展示されている。この他、N700系のシミュレータや、JR東海の歴代の代表的な車両が走る鉄道ジオラマがある。

★鉄道博物館（埼玉県さいたま市）

日本だけでなく世界の鉄道の遺産や資料が保存され、鉄道システムの歴史や、鉄道の仕組み、最新技術など、さまざまなことが多角的に学べる。0系、200系の車両が保存・展示されている他、新幹線に関するイベントも行われる。

★ひかり（東京都国分寺市）

国分市に寄贈された新幹線試験電車951形が展示されている。

★青梅鉄道公園（東京都青梅市）

0系新幹線の先頭車両が保存・展示されている。

★山梨県立リニア見学センター（山梨県都留市）

山梨リニア実験線での走行試験の様子や、リニア中央新幹線の概要が模型や展示物等とともに紹介されている。また、2003年に世界最高速度を記録した試験車両の実物が展示されている。

★新幹線総合車両センター（宮城県利府町）

ＪＲ東日本のすべての新幹線列車の検査を行う総合メンテナンス基地。センター内を見学できる。Ｅ2系、Ｅ5系、East i の車両が保存・展示されている。

★新潟県新津鉄道資料館（新潟県新津市）

２００系の車両が保存・展示され、毎月1回実車客室も公開されている。

★京都鉄道博物館（京都府京都市）

鉄道の歴史を通して日本の近代化のあゆみを体感できる。ＡＴＣのシステムなども学ぶことができ、１００系、５００系の車両が保存・展示されている。

★鉄道歴史パークinSAIJO（愛媛県西条市）

０系の車両の他、「フリーゲージトレイン」（新幹線と在来線の軌間が走行可能な列車）の第2次試験車が保存・展示されている。

★青函トンネル記念館（青森県東津軽郡）

新幹線車両の展示はないが、過酷な条件下で建設された青函トンネルの数々の軌跡を、実際の掘削機や機器などとともに紹介。海面下１４０ｍの世界を体験できる体験坑道へは「もぐら号」に乗り込み、斜度14度の斜坑を行く。

PART 7

ついに「時速300キロ時代」に突入!?
国の威信をかけた「世界の新幹線」の謎

91 世界にはどんな新幹線が走っている?

自分で書いておきながら言うのもなんだが、この項の見出しは成立していない。なぜなら、世界の各国にはさまざまな高速鉄道はあるが「新幹線」はないからだ。そもそも新幹線とは「新幹線鉄道」の略称で、従来の幹線鉄道に対する「新しい幹線鉄道」の意味で用いられたものである。

ただし、新幹線は世界で初めて時速200㎞/hを超えて運転された列車であり、欧米各国はその偉業に驚きつつも、大いに触発された。もちろん、鉄道の歴史は欧米のほうが遥かに長い。そのプライドと威信をかけ、各国が〝Shinkansen〟に追いつけ追い越せと熱くなったことは想像に難くない。

鉄道大国フランスでは、新幹線の登場後、複数の列車を200㎞/hで走らせていたが、1981年、ついに「TGV」を誕生させた。「TGV」は略称で、フランス語で「超高速列車」という意味の「Train a Grande Vitesse」が正式名称である。その登場は華々しく、いきなり時速260㎞/hで走ったのだ。これは当時の日本の新幹線より50㎞／hも速く、まさに鉄道大国の底力を見せつけた格好になった。

こうした動きに、技術大国のドイツも敏感に反応している。ドイツでは「ICE（Inter city Express）」が開発された。じっさいに営業運転を開始したのは1991年だが、その3年前、1888年のテスト走行では、鉄道界で初めて時速400㎞／hの壁を破っている。

また、イタリアも、欧州初の高速鉄道を手がけていた。「一直線」という意味の「ディレティシマ」という高速列車である。1977年には、ローマ―フィレンツェ間の一部の区間ではあるが、TGVより4年も早く開通している。しかし、全線開通には政治問題や文化遺産の絡みで20年もの歳月がかかり、フランスやドイツに遅れをとってしまった。

他にも、スペインの「AVE」や、イギリス、フランス、ベルギーの3国の共同経営による「ユーロスター」などもある。さらにアジアでも、韓国、中国台湾で高速鉄道が走っている。

この章では、世界を走る主な高速鉄道をご紹介していこう。

92 「ユーロスター」は旅客機のビジネスクラス並み？

1994年、英仏の協力により、海底トンネルが完成した。「英仏海峡トンネル」は、200年以上もの前、ナポレオン1世の時代から計画されたものだった。フランスと大英帝国（イギリス）の間にはドーバー海峡が横たわり、ここにトンネルが通れば、ヨーロッパは一直線で結ばれる——。

この悲願がついに実現し、ロンドン、パリ、そしてベルギーのブリュッセルを結ぶ国際特急「ユーロスター」が誕生したのである。

ユーロスターには、3か国の最新技術が結集しているが、その中心になっているのはフランスの「TGV」だ。最高速度は時速300㎞／h。ロンドン市内（セント・パンクラス駅）とパリ市内（北駅）を2時間15分で、またロンドンからブリュッセル市内（南駅）までを2時間1分で結んでいる。

ユーロスターは、壮大なバックボーンを背景に生まれただけに、車内のサービスもゴージャスだ。列車はスタンダード（2等）、スタンダードプレミア

イギリスのロンドン、フランスのパリ、ベルギーのブリュッセルを結ぶ国際特急「ユーロスター」

（1等）、ビジネスプレミア（特等）の3クラスに分かれるが、とくに1等車と特等車は、旅客機のビジネスクラス並みと言ってもいいだろう。

　発車直後には「ウエルカムドリンク」が供される。もちろん、シャンパンなどのアルコールもある。座席は、ヘッドレスト付きのゆったりしたリクライニングシートに、スライド式のテーブルがあり、隣の席の乗客と共有できる広い固定テーブルもある。この座席でくつろいでいるうちに、おしぼりが出てきて食事が運ばれる。

　時間帯によって、朝食、ブランチ、アフタヌーンミール、夕食とコースが変わる他、さまざまな配慮がされている。たとえば、朝食では、フランスのクロワッサン、イギリスのモーニングの定番であるオムレツが出る。このように、列車同様「英仏協作」のメニューが考えられている。

　さらに、飲み放題のドリンクサービスや、食後にはコーヒーやデザートが出るなど、至れり尽くせり。もちろん、すべて料金は乗車賃に含まれている。

　ただし、パスポートの提示やX線の荷物検査が必要で、出発30分前にはチェックインしなければならない。まさに旅客機並みの列車なのである。

93 時速400km／hを達成した「ICE」のヒミツ

東海道新幹線の成功により、ヨーロッパの国々は「列車の高速化」への取り組みを本格化させ、しのぎを削るようになった。

ドイツでつくられたのは「ICE（Inter City Express）」だ。

もともとは、かつての西ドイツ国鉄によって開発された列車なのだが、ベルリンの壁が崩壊し、「東西のドイツ統合」という絶好のタイミングで1991年に登場。まさに国をひとつにする役目を担ったのである。

現在、「ICE」は、ベルリン、ハノーバー、ケルン、フランクフルト、ミュンヘンなど、ドイツの主要都市をほとんど結んでいるが、ドイツが東西に分裂していたころには、想像すらできないことだった。

こうしたICEの歴史的な事実も興味深いが、やはり世界的に注目を集めるのはスピードだ。なんといってもICEは、世界で初めて時速400km／hを超えた高速列車なのだ。

１９８８年のテスト走行による記録ではあるが、フルダ－ビュルツブルグ間で、最高時速４０６・９㎞／ｈという驚異的なスピードを達成している。フランスのＴＧＶですら、当時は時速３００㎞／ｈ台が精一杯だったことからも、鉄道業界における「革新的な事件」と言われた。

現在は、ドイツ国内にとどまらず、隣接する国々にも乗り入れ、国際列車としても活躍している。２０００年には、オランダのアムステルダムまでの運行を開始し、２００２年にはベルギーのブリュッセルに、そして２００７年にはフランスのパリにまで乗り入れることになった。高速鉄道の開発では常にライバル関係にあったフランスへの進出に、世界の鉄道ファンは湧いた。

さらに現在では、デンマークやオーストリア、スイスにも乗り入れている。

さて、気になる営業最高速度だが、フランスのＴＧＶや日本の東北新幹線と並んで時速３２０㎞／ｈ。もちろん、これは現時点での世界最速だ。

ＩＣＥの車体スタイルも、何度かくり返されたモデルチェンジにより、進化し続けている。フランスとの共同プロジェクトも含め、単独世界一のスピードを目指し、ますます技術革新が進められていくことだろう。

世界最高速度の320km／hで走るドイツの「ICE」

94 死者100人超! ICEの大惨事の原因は?

ICEについては、負の歴史についても触れないわけにはいかない。

かつてICEは、101人もの死亡者を出す事故を起こしている。ドイツ鉄道史上で最悪の惨事と言われたが、この事故は、当時、高速化にひた走っていた世界各国の鉄道業界に対して「安全性の再確認」を促すことにもなった。

1998年6月3日、ミュンヘン発ハンブルグ行のICEは、ハンブルグ南方の「エシェデ駅」付近を時速約200㎞/hで走行中に車輪が破断。これが引き金となって脱線し、陸橋の橋脚に激突した。その衝撃で陸橋は崩落し、後続車両は次々と玉突きにぶつかり大破した。

事故の引き金となったのは「弾性車輪」という特殊な構造の車輪の破損。

日本の新幹線やフランスのTGVでは、「タイヤ鋼」という鋼鉄でつくられた「一体車輪」が採用されているが、ICEでは車輪とタイヤの間にゴムを挟んだ「弾性車輪」が用いられていた。

弾性車輪には、騒音や振動が軽減し、乗り心地がよくなるというメリットがあったが、高速車両でこのタイプの車輪を採用していたのは、当時のＩＣＥだけであった。この事故以降は、全車に車輪の交換がなされている。じっさい、日本の新幹線でも、騒音低減のため、弾性車輪による走行試験が行なわれたことがあるが、耐久性の問題などから、使用には至っていない。

２０１１年７月には、中国でも高速鉄道が事故を起こし、多くの死者が出ている。温州市で発生した事故は即座に世界中の大ニュースになった。落雷を受けて停車中だった車両に、高速鉄道が衝突して脱線、先頭の４車両が高架から転落した、というのが事故の簡単な概要。だが、事故の詳細や原因はあいまいだ。事故後、ただちに車両が解体され、埋められてしまったからだ。

中国の見解としては、事故は「高速鉄道によるものではない」としている。その言い分として「高速鉄道は時速２５０㎞以上で走行する鉄道」のことで、事故列車はその条件を満たしていない「特別快速列車」だというのだ。この事故が原因となったのかはわからないが、最速３５０㎞／ｈで走行していた中国の高速鉄道は、時速３００㎞／ｈに速度を落として運行している。

95 TGVは前後の2車両が全車両を引っぱってる？

現在、世界最速の時速320㎞／hで運行するのは、フランスの「TGV」とドイツの「ICE」、そして日本の新幹線の3つである。

しかし、じつはこの3つの列車は、まったく異なる原理で動いている。TGVや初期のICEは、その動力源が、最前列と最後尾の2車両だけにある。このように両端に動力車を持つ車両編成を「動力集中方式」と呼ぶ。いわゆる〝機関車方式〟である。

いっぽう、日本の新幹線や現在のICEは、各車両に動力源を持つ「動力分散方式」を採用している。

どちらがいいのか？　は一概に言えない。国の事情があるからだ。

また、新幹線も「動力集中方式」にすればTGVより高速になるのか？　と言えば、そんな単純なものではない。列車のスピードは動力だけで決まるものではなく、レールや立地など、さまざまな環境によるからだ。

フランスの「TGV」は動力集中方式
で走る

もしも新幹線を機関車方式に変更したら、大変な混乱が巻き起こるだろう。なぜなら、日本には、高速機関車の技術はなく、実現するにはかなりの開発費用がかかるからだ。

また、前後2両を動力車にすれば、そのぶん客車が2両減り、乗車定員も減ってしまう。じっさい、TGVの乗車定員は新幹線の半分〜⅓以下である。

さらに、機関車はその車両自体の重量が重いため、頑丈な線路と頻繁な保守点検が必要となる。そうなれば建設費・管理費もかさんでしまう。

また、新幹線の「動力分散型」のほうが、速度の加減性に優れている。つまり、加速がよく、ブレーキの効きもよいのだ。曲線の多い日本の路線状況では、動力分散型のほうが性能を発揮できるのである。さらに、動力集中型は重量が重く、走行音や振動も大きくなる。

このように、技術、コスト、輸送能力、環境問題など、さまざまな面を考慮した上で新幹線では「動力分散型」を採用しているのである。

ちなみに、イタリアの「ETR460」や中国高速鉄道は日本と同じ「動力分散型」、スペインの「AVE」や韓国の「KTX」は「動力集中型」である。

96 TGVが低コストを実現できたわけは？

ＴＧＶとは「Train a Grande Vitesse」の略で「超高速列車」という意味。新幹線の成功は、フランスにとってショッキングな出来事だったに違いない。それまで世界の鉄道界は、フランスの国鉄がリードしてきたからである。

フランスでは、新幹線を徹底的に研究した。そのうえで日本とは異なる、独自の高速鉄道システムを開発したのである。そこには第一人者のプライドを見ることができる。

動力方式が、日本と違うことは前項で話した。この他にも、車両の連結方法が違っている。新幹線は車両ごとに台車があり、「密着連結器」によって2車両がつなげられている。これに対しＴＧＶは、2両の連結部分を1台の台車が支える「連接台車」方式を採用している。連接台車は安定性が増し、台車の数も少なくて済むのでコストが下がるなどのメリットがあるが、編成の組み換えが難しく、かつ保守に時間がかかるなどのデメリットもある。

ＴＧＶは、勾配が35‰（１０００m進むうちに35m上がる傾斜）に設定され、地形に合わせて路線がつくられている（日本は基本的に15‰）。このためＴＧＶにはトンネルがなく、建設費の大幅削減につながった。

そして、新幹線との違いでもっとも大きい点は、在来線をうまくつかって路線を築いたことだろう。本書でも何度か述べたが、日本では、在来線と新幹線の線路の幅（軌間）が違うため、相互の乗り入れができない。

しかし、フランスでは在来線もＴＧＶも１４３５㎜の標準軌なので、乗り入れができるのだ。したがって、ＴＧＶの路線を建設する際には、すべて一からつくるのではなく、都市部などは在来線の路線をそのまま利用できた。高速新線は、都市間の家屋の影響が少ない区間にだけ建設すればよかったのである。

これによって建設コストが大幅に抑えられたが、もっと大きなメリットは、ＴＧＶのネットワークの広がりに有利に働いたことだろう。ＴＧＶ網の急速な発展がそれを雄弁に物語っている。ＴＧＶはパリから放射線状に延び、フランスの主要都市だけでなく、隣国のベルギー、ルクセンブルグ、ドイツ、イタリア、スペインなどとも結ばれている。

97 韓国の高速鉄道がTGVを導入した理由

フランスの高速鉄道TGVの技術を導入し、2004年4月1日に営業を開始した韓国高速鉄道「KTX（Korea Train Express）」。アジア地域においては日本に次いで2番目の高速鉄道となる。最高速度は305㎞／h。かつては4時間以上かかっていたソウル─釜山間を、最短約2時間30分でつないでいる。開業以来、着々と路線と駅を増やし、いまでは韓国を観光する人たちにとって、なくてはならない交通の要となっているKTXだが、着工から開業までの道のりは、そう簡単なものではなかった。

1992年に建設着工。当初の完成予定は6年後の1998年だったが、実際に営業が開始されたのは2004年。これほど工期が遅れたのは、着工から4年後に、土木工事の致命的欠陥が発覚したためである。再調査をしたところ、なんと1000か所以上の不備が見つかった。これでは高速鉄道を走らせることなど到底できないと、修復作業を余儀なくされたのである。

また、ＫＴＸ建設に際しては、日本とドイツ、フランスが三つどもえの熾烈な受注合戦を展開。山岳地帯の多い立地条件を考えれば、似たような地形の日本が断然有利なはずだったが、結果的にはフランスに軍配が上がった。

日本の敗因には、円高が大きく関係していた。

入札開始時には1ドル１２６円90銭だった円相場が、選考結果を発表する時点で、なんと１０４円台に突入した。最初の入札では、日本が提示した金額はダントツの安さであったにもかかわらず、最終的には、円に換算して３０００億円以上の暴騰。一気に競争力を失う結果となった。

さらに、商戦真っただ中に起きた従軍慰安婦に関する訴訟問題から、対日感情が悪化し、もはや高速鉄道の売り込みどころではなくなってしまった。けっきょく日本は入札に参加することもできず、敗退となったのである。

さて、熾烈な受注合戦が繰り広げられ、最終的にはフランスの技術が導入されることで決着がついたのだったが、果たしてそれは、正しい選択だったのだろうか。

ＫＴＸの建設工事が終了すると、フランスから輸入した12両のＴＧＶの試運

韓国高速鉄道「KTX」の最高速度は
305km /h

転が始まった。すると、トンネル通過時の圧力変化によって車体が損傷するなど、いくつもの不具合が発生したのである。

フランス本国では、これまで一度だってそのような問題が確認されたことはない。それなのに、いったいなぜ……。

ＴＧＶはフランスの高速鉄道のためにつくられた列車であり、元来、広大な平野をひたすらまっすぐ走ることに特化している。トンネルやカーブ、起伏の激しい地域を走ることなどハナから想定されておらず、そのため、山岳地帯を走る韓国のＫＴＸで、不具合が発生するのも無理からぬ話なのである。

韓国側はフランスに対応を求めたが、「契約上にない」として受け付けない。そこで急きょ、韓国は独自の技術で車両製造に取り掛かる羽目になった。

ちなみに、内装に関してもフランス式を採用したことで、ＴＧＶと同様、前後の出入り口を背にして車両の真ん中で向き合う固定座席となっている。そのため、乗客の半分は後ろ向きに進んでいくことになる。平野を走るフランスのＴＧＶならそれもまだ許せるが、山岳地帯の多いＫＴＸでの逆向き走行は、不評のようだ。

98 中国がドイツの「トランスラピッド」を導入した事情とは？

日本が研究・開発中の「超電導磁気浮上式リニアモーターカー」は、磁石の力で浮きながら走ることで、現在の新幹線の約2倍の速さ、５００㎞／ｈで走ることができる。騒音や揺れが少なく、乗り心地も快適。東京―新大阪間を約1時間で結ぶという、まさに、夢の乗り物だ。

日本よりも数年遅れてドイツの「トランスラピッド」が登場するが、リニアモーターカーの研究においては日本が先駆者であり、第一人者でもある。ところが、世界で最初にリニアモーターカーの営業運転を開始したのは中国だった。

２００３年、開通予定のほんの一部である上海浦東国際空港―龍陽路《ロンヤンルー》間を結ぶ、およそ30㎞の路線であった。現在も路線の延伸は行われておらず、同区間を最高速度約４３０㎞／ｈ、約8分で運行している。

この中国のリニアモーターカー、正式名称を「上海トランスラピッド」というが、この名前からも分かるように、ドイツの技術が導入されている。いったいなぜ中国は、リニア先進国である日本よりも、ドイツを選んだのだろうか。じつは、最終的にはドイツの技術を導入することにはなったが、中国としてはむしろ日本の技術を導入したかったのだと言われている。

ドイツとの本契約の数か月前、当時中国の首相であった朱鎔基氏は日本を訪れた。その際、日本のリニアモーターカーに試乗し、実際ドイツよりも日本の技術を支持していたという。しかし日本側は「まだ実用化段階ではない」と断ったのだそうだ。

また、リニア技術が「軍事」に転用される可能性を懸念して、中国からの打診を断ったという説もある。

ある軍事専門家は、リニア技術を応用すれば、従来の火薬銃弾の発射速度の2・5〜3・5倍（秒速5000〜7000m／s）で弾丸を打ち出す「レールガン」や、空母から艦載機を高速発艦できる（1分間に1機）「電磁カタパルト」などの開発が可能になると言っている。軍事転用への懸念こそが、リニア技術を海外に出せない本当の理由なのかもしれない。

中国のリニアモーターカー「上海トランスラピッド」

99 台湾で日本の新幹線が活躍するヒミツは？

台湾の高速鉄道事業に対する入札競争は、フランスのTGVやドイツのICEを擁する独仏連合と、新幹線を擁する日本との間で争われた。結果は、価格を抑えた提案がカギとなり、独仏連合に軍配が上がった。すぐに、彼らの提案する「欧州仕様」での開発が始まり、日本は惨敗した……かに見えた。しかし日本には、大逆転のチャンスが待っていたのである。

1998年、ドイツのICEが、100人以上の死者を出す大事故を起こすと、当然のことながら、台湾側は独仏連合への不安を募らせた。

さらに1999年、台湾中部を中心に大地震が発生した。マグニチュード7・6。死者2800人。台湾側の不安がますます増大する中、「地震国」日本で、開業以来無事故を続けていた新幹線が見直され始めたのである。

そもそも、最初に日本が入札競争に負けた時点で、台湾側は「日本とも、まだ交渉の余地がある」と発言していた。つまり、「先に独仏連合が勝ち取った

台湾を走る「700T」。日本の700系
「のぞみ」がベースになっている

契約は、あくまで鉄道の事業主体を決めるものであって、その後導入する車両やシステムについてはこれから決定する」ということだ。

これを受け、日本側はあきらめることなく、新幹線をアピールし続けていたのである。ドイツICEの事故後には、商社メインの交渉からJRの専門職による交渉に切り替え、日本の技術力をアピールした。大地震のあとには、台湾側から防災態勢についてのセミナーを要請された。

こうして、最終的に日本の新幹線が採用されることになったのである。これは、総事業費1兆5700億円という、ビッグプロジェクトだった。

このとき、日本初の輸出用新幹線車両となったのが、「700T」。東海道・山陽新幹線で使用されている700系「のぞみ」の車両をベースとし、台湾の事情に合わせていくつか仕様を変更したものである。

たとえば、日本のグリーン車にあたる「商務車」1両、日本の普通車にあたる「1等車」11両の12両編成に変更。車いすでも利用しやすいよう座席の幅を広くとり、ドアをひと回り大きくした車両も用意された。また、高温多湿な台湾の気候を考慮し、空調設備は日本の仕様よりも強力なものとなっている。

あとがき

時代はますますスピードを求めるようになった。２０１６年３月に開業した北海道新幹線は、始発の東京駅と終点の新函館北斗駅まで、最速で４時間２分という近さだ。だが、格安航空会社の登場や、さらには人口減少などにより、新幹線の未来は厳しいという見方もある。

本書を作成中、東京駅の新幹線ホームに出向いた。そこでたまたま外国人観光客と出くわしたのだが、彼らは入線してくる列車を見て「Oh! Cool」（かっこいい！）と声を上げた。その列車のスタイルもクールだが、２〜３分おきに高速列車が駅を発していく新幹線は、海外からすればまさに〝奇跡〟だろう。高速走行の新幹線の中で５００円硬貨が直立し続ける動画も世界を驚かせてもいる。

空の旅とは違い、列車の旅では車窓から風景が見える。四季の自然に恵まれた日本では、やはり列車の旅は格別だ。今後も、リニア中央新幹線をはじめ、さまざまな新幹線が日本全国を駆け巡り、新たな感動をつくってくれることだろう。新幹線の行く末からは、まだまだ目が離せそうにない。

「新幹線＆特急大図鑑」小賀野実（JTB）
「新幹線マニアの基礎知識」中尾一樹・伊藤久巳（イカロス出版）
「新幹線をつくった男島秀雄物語」高橋団吉（小学館）
「新幹線はもっと速くできる」川島令三（中央書院）
「鉄道メカ博士リターンズ」川辺芭蕉（自由国民社）
「新幹線700系と関東のJR特急」（DVD・大創産業）
「開業40年　新幹線のすべて」坂正博・解説（山と渓谷社）
「東海道新幹線三十年」須田寛（大正出版）
「リニア新時代」白澤照雄・阿部和義（ビジネス社）
「整備新幹線とはなにか」
三菱総合研究所事業戦略研究室（清文社）
「世界のスーパーエクスプレス」三浦幹男・原口隆行（JTB）
「新幹線がなかったら」山之内秀一郎（東京新聞出版局）
「東北・上越新幹線」山之内秀一郎（JTB）
「海を渡る新幹線」読売新聞中部社会部（中央公論新社）
「新幹線テクノロジー」佐藤芳彦（山海堂）

【この他、以下のサイトや新聞など】

「THE TOKAIDO SHINKANSEN」
「JR新幹線ネット」
「ジェイアール東海パッセンジャーズ」
「JR東日本ウエブサイト」
「acure」
「読売新聞」「朝日新聞」「毎日新聞」

【参考文献】

「新幹線お掃除の天使たち」遠藤功（あさ出版）
「新幹線vs航空機」堀内重人（東京堂出版）
「のりもの図鑑DX④新幹線」小賀野実監修・写真（ポプラ社）
「ぜんこく電車スーパーずかん①しんかんせん」
長谷川章監修（ポプラ社）
「新幹線を運転する」早田森（メディアファクトリー）
「図解・鉄道の技術」秋山芳弘（PHP研究所）
「新幹線運行のメカニズム」川辺謙一（講談社ブルーバックス）
「新幹線50年の技術史」曽根悟（講談社ブルーバックス）
「世界の高速列車」三浦幹男・秋山芳弘（ダイヤモンド社）
「世界の高速列車Ⅱ」鹿野博規・制作（ダイヤモンド社）
「新幹線に乗るのがおもしろくなる本」
レイルウェイ研究会（扶桑社文庫）
「知られざる新幹線の謎100」梅原淳・監修（宝島社）
「新幹線［徹底研究］謎と不思議」梅原淳（東京堂出版）
「新幹線ぴあ・新時代編」ぴあMOOK（ぴあ）
「文字の大きな時刻表2016年6月」（交通新聞社）
「新幹線事故」柳田邦夫（中公新書）
「新幹線の事典」原田勝正（三省堂）
「新幹線」海老原浩一（成山堂書店）
「図解雑学日本の鉄道」西本裕隆（ナツメ社）
「新幹線　安全神話が壊れる日」桜井淳（講談社）
「新幹線のぞみ白書」大朏博善（新潮社）

本書は、小社より2005年に刊行された同タイトルの文庫に全面的に大幅な加筆・修正を加えました。

二見レインボー文庫

新幹線《しんかんせん》99の謎《なぞ》

編者　新幹線《しんかんせん》の謎《なぞ》と不思議《ふしぎ》研究会《けんきゅうかい》

発行所　株式会社 二見書房
東京都千代田区三崎町2-18-11
電話 03(3515)2311［営業］
03(3515)2313［編集］
振替 00170-4-2639

印刷　株式会社 堀内印刷所
製本　株式会社 関川製本所

落丁・乱丁本はお取り替えいたします。
定価は、カバーに表示してあります。
Printed in Japan.
ISBN978-4-576-16137-2
http://www.futami.co jp/